東京大学が文京区になかったら

「文化のまち」はいかに生まれたか

伊藤毅
樺山紘一
企画監修

初田香成
髙橋元貴
森朋久
松山恵
赤松加寿江
勝田俊輔

NTT出版

文政 10 年 (1827) に徳川第 11 代将軍家斉の第 21 女・溶姫が加賀藩第 13 代藩主前田斉泰に輿入れしたときの様子を、三代歌川国貞（1848-1920）が想像を交えて描いた錦絵。東京大学のシンボルの一つである「赤門」は、このとき溶姫を迎えるため建立されたもので、白無垢の花嫁衣裳に身を包んだ溶姫が、豪奢な行列を従えて赤門をくぐる図は当時の華やかさを今に伝えている。

三代歌川国貞「松乃栄（旧幕府の姫君加州へ御輿入の図）」
明治 22 年（1889）　東京大学総合図書館所蔵

東京大学が文京区になかったら MAP

この地図は、国土地理院の「基盤地図情報（数値標高モデル）」を、「カシミール3D（www.kashimir3d.com）」により加工して作成しました。

マップ作成：
杉浦貴美子＋Sam Holden

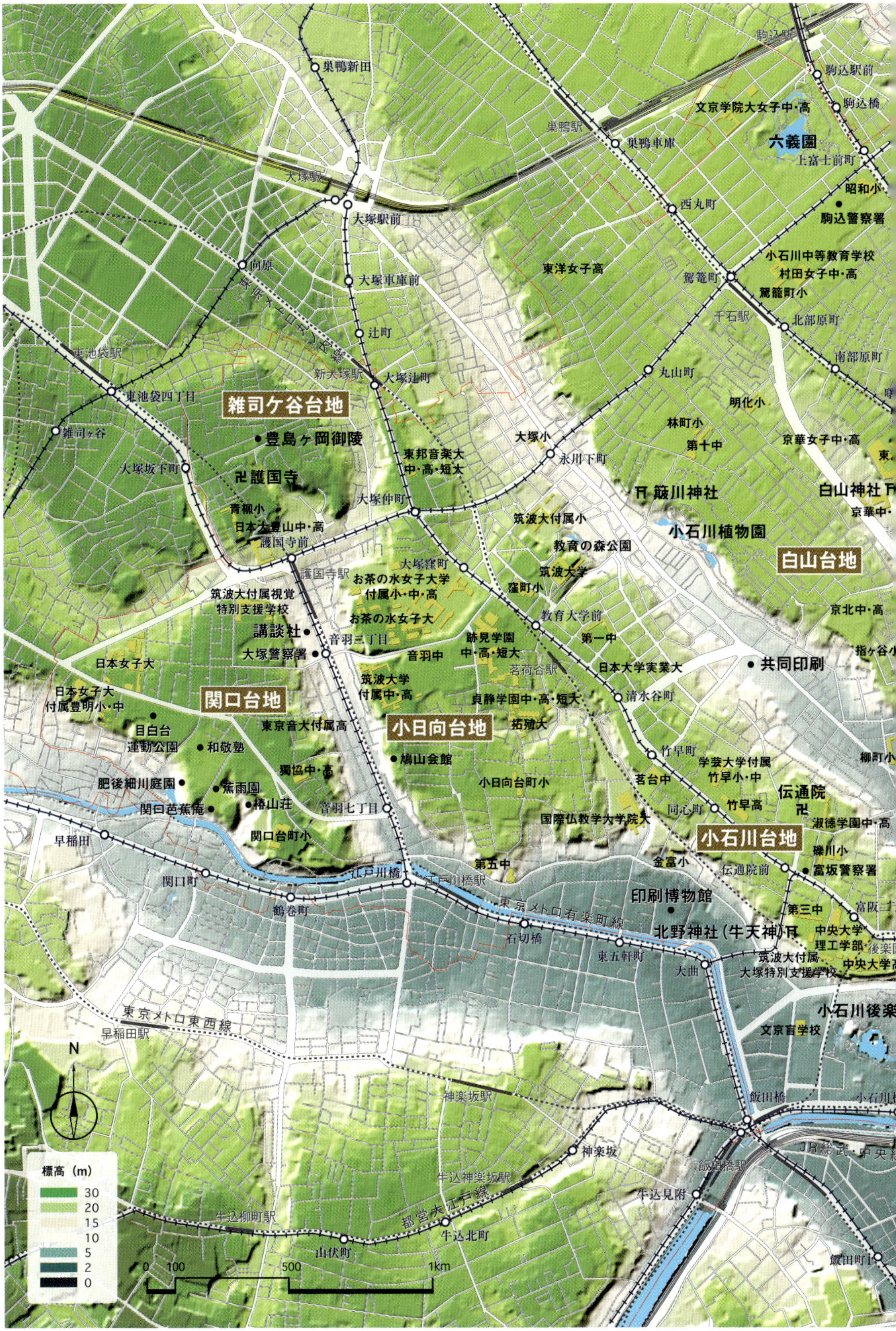

雑司ケ谷台地
関口台地
小日向台地
白山台地
小石川台地
巣鴨新田
巣鴨駅
巣鴨車庫
駒込駅
駒込駅前
駒込橋
文京学院大女子中・高
六義園
上富士前町
昭和小
駒込警察署
西丸町
大塚駅
大塚駅前
向原
大塚車庫前
辻町
東洋女子高
小石川中等教育学校
村田女子中・高
鶯籠町
鶯籠町小
千石駅
北部原町
南部原町
東池袋駅
東池袋四丁目
新大塚駅
大塚辻町
丸山町
明化小
林町小
第十中
京華女子中・高
雑司ヶ谷
豊島ヶ岡御陵
東邦音楽大
中・高・短大
大塚小
氷川下町
大塚坂下町
護国寺
簸川神社
白山神社
京華中
青柳小
日本大豊山中・高
護国寺前
大塚仲町
筑波大付属小
小石川植物園
教育の森公園
大塚窪町
筑波大学
お茶の水女子大学
付属小・中・高
窪町小
護国寺駅
筑波大付属視覚
特別支援学校
お茶の水女子大
教育大学前
京北中・高
講談社
音羽三丁目
跡見学園
中・高・短大
第一中
大塚警察署
音羽中
茗荷谷駅
日本大学実業大
共同印刷
指ヶ谷
日本女子大
筑波大学
付属中・高
清水谷町
日本女子大
付属豊明小・中
貞静学園中・高・短大
拓殖大
東京音大付属高
目白台
運動公園
和敬塾
鳩山会館
竹早町
学芸大学付属
竹早小・中
柳町小
獨協中・高
小日向台町小
茗台中
肥後細川庭園
蕉雨園
竹早高
伝通院
椿山荘
音羽七丁目
同心町
関口芭蕉庵
国際仏教学大学院大
淑徳学園中・高
早稲田
関口台町小
礫川小
金富小
第五中
伝通院前
富坂警察署
江戸川橋
江戸川橋駅
関口町
鶴巻町
印刷博物館
東京メトロ有楽町線
第三中
富坂
石切橋
北野神社(牛天神)
中央大学
理工学部
後楽園
東五軒町
筑波大付属
大塚特別支援学校
中央大学
大曲
小石川後楽
東京メトロ東西線
早稲田駅
文京盲学校
N
神楽坂駅
飯田橋
小石川
JR総武・中央線
神楽坂
飯田橋駅
牛込神楽坂駅
標高（m）
30
20
15
10
5
2
0
牛込見附
牛込柳町駅
都営大江戸線
牛込北町
山伏町
0
100
500
1km
飯田町

東京大学が文京区になかったら　目次

第4章 武家地の変遷と山の手住宅地の誕生 146

まえがき

伊藤毅

二〇一七年七月現在、日本男性の平均寿命は八〇・九八歳だそうである（厚生労働省第二三回完全生命表による）。ちなみに女性は八七・一四歳、いずれも世界の最長寿国である香港についで二番目の長寿国であることを示している。さて、二〇一七年は東京都で現行の二三区制がスタートしてから七〇周年となる記念すべき年であった。七〇歳と言えば、日本男性の平均寿命まで一〇年を残し、事実上現役を引退する年齢であり、ひとつの生命体が誕生・成長し、成熟を遂げて、社会的な役割を全うするようなひとつの区切りとなる時間が経過したということになる。

東京の二三区はそれぞれ七〇年前に新しい区名を冠して行政単位としてのスタートを切った。その多くは今後の見通しもはっきりしないまま区政を始めたはずだが、時間の経緯とともに次第に区としての内実が整っていき、それぞれに個性的な区が育っていった。その間、第二次世界大戦前後の混乱期もあった。この激動の七〇年を振り返って各区では区制七〇年を記念する出版や企画が行われ、あらためて区という基礎自治体の存在意義を再確認する機会となったのである。

東京二三区のうち、本書で取り上げる文京区はまずもって東京大学の広大なキャンパスが本郷台地の大半を占め、それに隣接して弥生キャンパスや浅野キャンパスが広がっており、東京大学の存在感は名実ともに大きい。七〇年前に本郷区と小石川区が合体して「文京」と名づけられたのは、東京大学の存在抜きには考えられない。明治四年（一八七一）を東京大学創立の年とすると、東京二三区がスタートした時点ではすで八〇年弱の歳月が経過しており、当地を代表する顔としてしっかりと根づいていた。東京大学創立後、周辺には次々と教育施設が立ち並び、大学教員の住まいや下宿屋などもできていったため、本郷区は一大文教地区としての性格を強めていた。文京区の淵源はまさに東京大学にある。したがって、本書で最初に立てられるべき問いは「東京大学がなかったら」であった。東京大学がなかったら、はたして文京区という名の区は誕生したのだろうか。

＊

本書の第1章では文京区における教育施設の集積過程を文京区のみならず駿河台や神田あたりまでを視野に入れつつ論じた。東京大学が加賀藩前田家本郷邸の敷地に成立するまでの紆余曲折を顧みると、本郷に東京大学が立地しない可能性は十分にあった。条件さえ許されれば駿河台や上野に成立していたかもしれない。また本郷に成立後もより広い郊外の地を求めてもっと早くに移転していたケースも考えられる。しかし偶然に偶然が重なって、やがてそれが必然となるようにして東京大学は本郷の地で誕生し成長を続けた。大正一二年（一九二三）の関東大震災でキャンパスの大半が崩壊する被害を受けながらも整然としたキャンパス計画のもとに甦り、それ以降はいくつかの新しい建物が加わったことを除くと、キャンパスの空間構成に大きな変化はない。

＊

文京区は本郷台地を含めて多くの台地と谷からなる複雑な地形によって編み上げられた場所である。この地形の魅力も文京区の見逃せない個性である。そのなかでも明治維新以降も長らく農村的な景観を残していた谷地の小石川は文京区のもう一つの側面を示している。第2章では小石川に焦点を絞り、水戸藩小石川邸に成立した東京砲兵工廠およびその関連施設について論じた。題して「もし砲兵工廠が小石川になかったら」。この章はちょうど文–武のように、第1章と対をなす部分であり、両者あわせて本書の基本的な骨格を形づくっている。

東京砲兵工廠は明治四年（一八七一）に火工所、翌五年に銃工所が操業を開始し、陸軍の兵器工場の中心施設として稼働した。工場自体はその機能上、周囲に対しては閉鎖的な構えをとっていたが、一定の波及効果はあったものと見られ、小石川周辺には中小工場が次第に増え始める。また近世以来音羽を中心に栄えた紙すきの仕事は近代以降、出版・製本業へと継承され、小石川・白山一帯は軽工業と労働者の町としての相貌を備えるようになる。本章ではとかく文教的性格で語られることの多い文京区のもう一つの性格を浮き彫りにしようとする。

＊

第三に文京区は近世以来中心市街地と近郊農村との境界領域にあったことが重要である。小石川には遅くまで耕地が残されていたし、良質の関東ローム層からなる湯島台地には麴室が数多く掘られた。都市圏で消費される大量の蔬菜は近郊農村から本郷・小石川を経由して運び込まれた。青物市場が果たした役割も見逃せない。山手線外側の多くの区にはこうした都市・農村の両義的な場が広がっていたが、その具体的な像は従来ほとんど明らかにされてこなかった。文京区と農村という組み合わせはいかにも唐突な印象を与えるかもしれないが、実のところ文京区にはこうした都市・農村間の境界領域としての属性がいまなお痕跡をとどめている。第3章では文京区の上記の側面に焦点があてられている。

＊

最後に第四の問題として、東京の住宅地形成という大きな都市史上のテーマがある。東京の住宅地といえば山口廣編『郊外住宅地の系譜――東京の田園ユートピア』（鹿島出版会、一九八七年）という先駆的な仕事があるが、同書で取り上げられているのは一定の資本によって開発された計画的住宅地がほとんどであり、個別に進行していった東京山の手近辺の宅地形成の実像についてはまだまだ研究蓄積が少ない。文京区にはかつての武家地が広く分布しているが、武家地のなかでも中下級武士の旗本・御家人屋敷が大半を占めたため、その近代以降の動向を知るためには個別事例の蓄積がどうしても必要である。第4章では明治維新以降武家地一般に大きな影響を与えたとされる桑茶令のケーススタディや、台地上の武家地が良好な近代住宅地へと継承されていくプロセスなどを明らかにしている。また文京区の文教的側面を加速させた例として、居住用集合住宅の発展が注目されるところである。

以上、文教、軽工業、農村、住宅地の側面は、文京区というひとまとまりの地域空間を織り上げる四本の主要な糸であり、この四本の糸を紡ぐようにして文京区の個性が構成されていると言ってよい。本書を手にしてぜひ町に出かけてほしい。収録した地図はその道案内のために新たに作成したものである。ふだん気がつかなかった文京区の歴史的な個性がいまなお息づいていることを確認していただきたい。「文化のまち」の諸相が読み取れるはずである。

第1章

もし東京大学が文京区になかったら

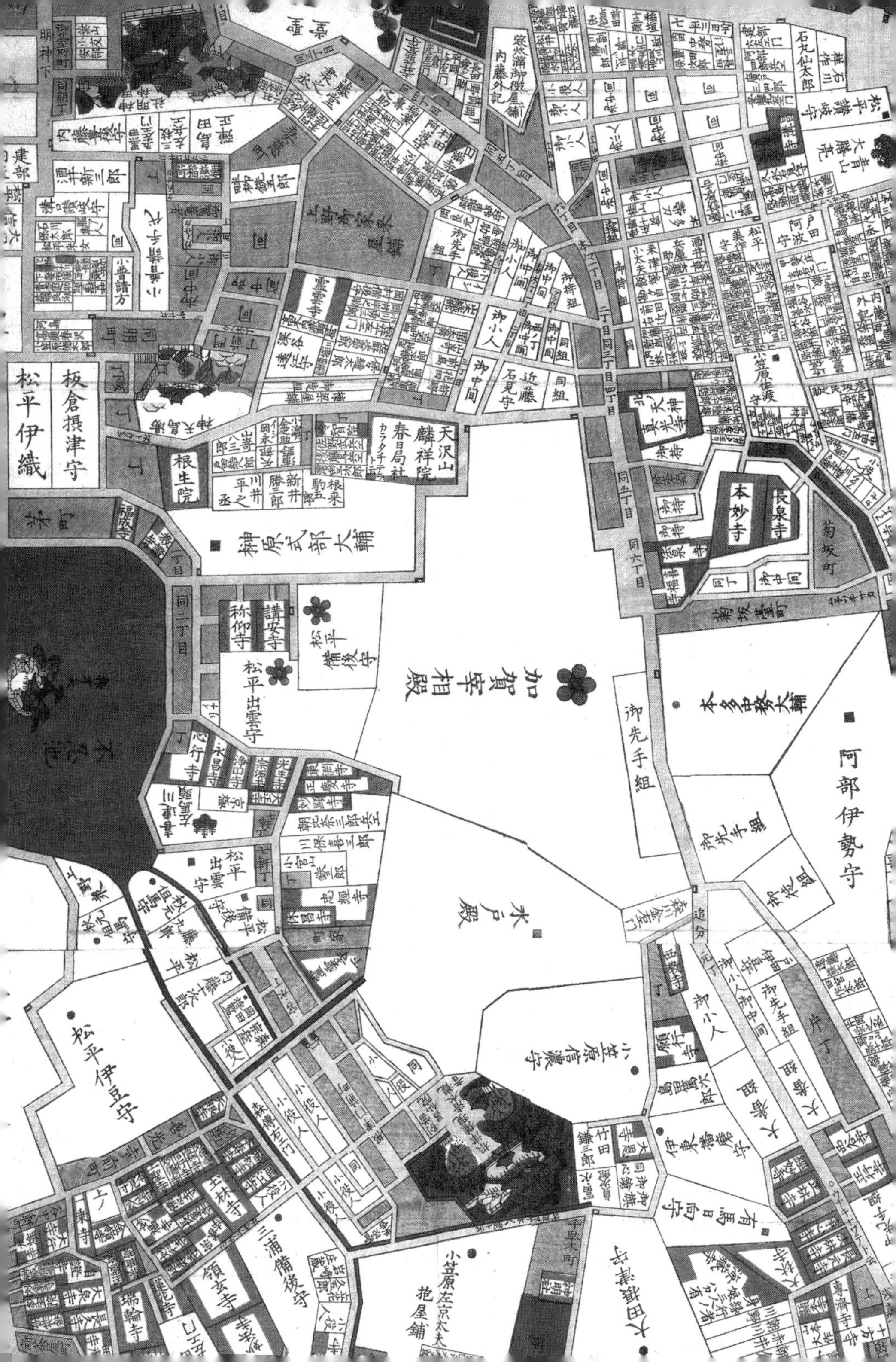

加賀宰相殿
水戸殿
本多中務大輔
阿部伊勢守
松平伊豆守
榊原式部大輔
板倉摂津守
松平伊織
松平讃岐守
不忍池
天沢山麟祥院春日局社
根生院
本妙寺
長泉寺
菊坂町
御先手組
松平出雲守
松平備後守
講安寺
称仰寺
小笠原信濃守
三浦備後守
領玄寺
小笠原左京大夫抱屋鋪
大田摂津守
有馬日向守
土林寺
湯島天神
神田明神
聖堂
内藤豊後守
小普請方

さまざまな偶然で本郷が選ばれた

樺山紘一×伊藤毅

樺山　この話をいただいて本当にありがとうございました。実は文京区で今、『文京区史』の新しいバージョンを作っています。前の『文京区史』（全五巻）からすでに五〇年近くが経ったということで、追補分を基調とした新版を編集作業中です。写真編（『写真で綴る「文の京」』）が二〇一七年春に出て、本編がそのあとに出ることになっています。この文京区の区史編纂委員会の委員長を承っていまして、スタッフの人たちとしばしば討議しながら考えているところです。そこへこの話をいただいたもので、個人的に責任がとれる話は何でも申し上げることにいたします。

私は文京区生まれで、生まれたときはまだ小石川区でしたけども。戦争で家が焼けて転居などがありましたが、高度成長時代に戻りました。それから今までずっと、あいだに勤務で京都に何年間か暮らした以外は文京区で暮らしてまいりました。ということで、文京区についてはたいへん強い関心と、ときには責任も含めてかかわっておりますので、いろいろと申し上げたいこともたくさんありますし、お教えいただきたいこともあります。

またついこの前まで（制度改編になる前まで）は、文京区の教育委員長を承っていたものですから、とりわけ学校の問題、その他、文化的な施設の問題は関心というよりは責任を承っておりました。制度が改編になりまして、教育委員長という職務が廃止されたので、委員長ではなくなり、また平仄を合わせて委員のほうも任期満了でもって退任しましたものですから自由な身になりました。今までは区の悪口を言うとすぐに自分にはね返ってくるものだから言えないことも多かった。今はもう制度の問題も含めて自由に言えるようになり、いろいろ考えていることを言える立場になりましたので、喜んでうかがったという次第ですが、以上、前置きです。

伊藤　まず先生が文京区の教育委員会の職に就かれたのはいつ頃からですか。

樺山　四年任期を二期やりましたので八年間です。そのうち六年半ほどは委員長職を承りましたので、その間は多少書物や資料・文書等々は読みました。とてもとても全部はカバーしきれなかったけども、それまであまり考えなかった事柄も含めて、いろいろ考えるチャンスができたということではよかったと思っています。

伊藤　先生にとって文京区はお住まい、東京大学など本当に身近で、また責任も感じなければならない役割を果たされてきたという意味で、切っても切れない深い関係をもつ場所ということができますが、まず、文京区の「文京」という言葉ですね。これは一九四七年に本郷区と小石川区が合併して、コンペのようなかたちでいろんな名称が候補に挙がったと聞いていますが、最終的にはどうやってこれは決まったのでしょうか。

樺山　ずいぶん前の話で、昭和二二年（一九四七）に現在の二三区制になったときに——当初は二二区だったそうですけど——すったもんだがいろいろあって、まずそもそも当時の小石川区と本郷区が一緒になるというのも自明の理ではなかったんですよね。むしろ、それまでの本郷区は東向こうの下谷区と一緒になるというほうが有力だったと聞いています。その場合には小石川区は北側の豊島区と一緒になるという案もあったそうですが。その辺はもう戦後のドサクサのなかで、あるいはGHQの意向等もあったのかもしれませんけども、土壇場でもって本郷区と小石川区の合併ということになったということです。

しかもそれぞれの関連の役所と、当時の東京都の行政でも、その制度改編の方向性や、それにともなう名称をどうするかということで、ぎりぎりまでもめたそうですね。今もあるように町村合併のときには名前も問題になりますよね。本郷がいい、小石川がいいと、そうすると本郷の「本」と小石川の「小」を一緒にすると「本小区」だとか。大田区みたいなものですが。ぎりぎりのところでもって区内の誰かが、「じゃあ学校がたくさんあるから文京でどうか」と思いついた。今では何となく落ち着いてしまった名前ですけど、当時はそんな用語もなかったので、まるっきりもうコロンブスの卵みたいなものだったそうです。明日までに決めなければいけないなどというときに、「文京でどうだ?」となったら、「なかなかいいよ」ということになって、文京区になったという嘘みたいな話です。

伊藤　やはり意識としては学校が多いということはみんなわかっていて、とくに誠之《せいし》小学校なんかはたいへん有名で、今でも越境入学が多いところですね。

樺山　ええ。東大があり、当時は東京高等師範（現・筑波大学）とその付属校も含めて、また女子高等師範（現・お茶の水女子大）もあるとかその他いろいろあったので、そのことが念頭にあったことは間違いありませんよね。ただ、現在では文京区に一九校、大学の本部、支部がありますけども、当時はおそらく大学としては少数だったと思います。東洋大学、日本女子大学や拓殖大とかその他はすでに存在していましたけども。制度が十分に整っていなかったし、戦争のあとでろくな校舎もなかった時代ですから、あまり大学の集中地区というふうには考えなかったかもしれません。それでも国立大学だけでもいくつかありましたよね。東大、当時の二つの高等師範、東京医科歯科大、これは東京全体のなかでもとくに突出した数字ではありますよね。ほかの区に比べてみてね。

伊藤　よく言われるように、文京区というのは他の区と比べてかなり特色があって、いくつか挙げられると思うんですけど、簡単に私のほうで挙げてみたポイントが六つくらいあります。ひとつはやはり東大がここにあるということと、それに関係してかしないかわかりませんけど、教育施設がとにかく多いということです。それから二つ目には、神田駿河台まで含めますと、病院とか医療関係の施設がとくに集中しているということ。それから小石川を中心として出版業の集積がかなり顕著であることが三つ目の特徴として挙げられます。四つ目が、区内にＪＲの駅がないということです。これはほかに目黒区とか練馬区とか都内で四区くらいあるらしいのですが、したがって商業集積があまり強くないということですね。ですから、その結果、閑静な住宅街が形成されて、六義園とか後楽園とか公園緑地がかなり豊富である。また明暦の大火（一六五七）以降できてきたお寺なんかもたくさんありますので、谷と台地の複雑な地形を下敷きにいろんな要素が展開している。五つ目が、東大を中心として、御茶の水などもそうですけど、大学門前町としての特色があって、学者町や、あるいは下宿街、古書店、たぶん文具店もたくさんあったと思いますし、それから写真屋さん、あるいは軽印刷なども含めて、大学の周りにできている町的要素ですね。それが文京区の特徴をつくっているということと、最後に、六つ目として、漱石や鷗外など文人がたくさん住んでいたというようなことが考えられるのですが、先生の文京区イメージとして何かありますでしょうか。

樺山　今ご指摘のとおりだと思うので、現時点でどういう特色があるかというと、歴史的な形成過程も含めて、他の区なり基礎自治体と比べて特徴的なところがありますよね。もっとも私たちは文京区という呼び方がおこがましいなという気もしていますが。だってほかにも文教施設がたくさんあるところもあるわけだから、うちだけ文京というのは何かおこがましいんだけれども。日本にいくつか文京町とか文京地区という呼び方はあるそうですよね。それはやはりここを真似たんでしょうね。

伊藤　銀座のように？

樺山　そう。銀座のように。まあ銀座ほど多くはないけれども。「文教」というのは昔から文教政策とかいうふうに熟語はあったけれども、文京という熟語はなかったですよね。だから、はからずも、まったく思いもかけずにできてしまった言葉が日本語の語彙のなかに定着した。もっとも狭い意味での学校施設だけではなくて、今ふうの言い方をすれば文化施設、あるいはそれにかかわる病院のような施設まで含めて考えると、かなりいろんな意味での機能的集積ができあがった。それに総括的な名称を与えたというか、存在意義に言葉の裏づけを与えた。

伊藤　そうですね。集積型の場所のイメージということですよね。

樺山　そういうことですよね。他方で、今お話があったように、JRが通っていないということ。正確には駒込のあたりでほんのわずかに擦っているんですけど。しかしJRの駅はない。したがって商業集積がない。ということは、逆にいうと、いわゆる刑法犯罪が極めて少ない。東京で一番少ないんですよ。民事犯、行政犯は別として、とくに刑法犯、要するにスリ、かっぱらい、強盗等々は極めて少ないということです。したがって文京区に警察署が四つありますけど、本富士、駒込、大塚、富坂ですが、そこの署長さんたちはとても暇でしょうがないというジョークがあるそうです。もっとも、かつては本富士の署長はもっぱら学生運動対策で忙しかったというけれど。

伊藤　そうですよね。学生運動よりさらに昔の話になりますが、丸山眞男▼が学生の頃、長谷川如是閑の講演会を聴きに行っただけで危険分子と睨まれ、本富士警察署に逮捕されたことがある。

▼（一九一四－一九九六）政治学者、思想史家。東京大学教授。専攻は日本政治思想史。いわゆる「戦後民主主義」の代表的知識人。

樺山　でも今ではもうそれもなくなったから、警察署長さんはとても平和なお仕事だ。でも格はけっこう高いということですが、本当でしょうか。

伊藤　大学進学率は近年他区に抜かれましたが、ずっと東京で一番高かったんですよね。

樺山　ちょっとこれは微妙な問題で言いにくいんですけど。大学進学率を今あまり言わなくなったのは、一八歳以外の人が大学に入るようになってきましたので、単純な数値を算出しにくいということももちろんあって話題にしたくない。それからこれも詳しくは言わないことにはなっていますけども、全国学力調査で、とくに小学生が高いんですね。それは要するに中学受験のために猛烈に勉強するからです。

伊藤　私学に行く可能性が高いわけですね。

樺山　だから学力調査日本一を争う秋田県や石川県とはわけが違う。秋田県などは学校の努力の結果が好成績につながっていることは間違いないけど、こちらは公的施設で努力しているというよりは、もっぱら塾で勉強している子供たちがいるから。

明治初期の中等教育

勝田　明治初期の日本は初等教育と高等教育はすごく頑張ってやりましたが、中等教育は少し出遅れましたよね。

樺山　そうです。それはあらまし空白なんです。要するに今の中学校に相当するものがなかったわけだから、新制中学は戦後になってからできた。

勝田　『文京教育史』（一九八三）の三八七頁の表では、大正一四年段階で、小石川区と本郷区で小学校を出て中学校に進学する男児は四五七人と五五八人ということで、他所に比べるとかなり多かったようです。高等女学校（男児の中学校に相当）に行った女児の数もそれぞれ五一六人と五三四人で、これも相当に多い。要するに中等教育学校に行く子供がすごく多かった。女児のほうが比率が高く、これも重要なことですよね。ところが明治初期の文京区の中等教育では私塾のような学校が多く、明治一三年段階では、文京区には当時の文部省の規定でいう中学校に分類されるものはなかったようです（同、三三八－三三九頁）。このあと私立の中学・高等女学校が整備されてくるわけですが、もし府立の学校に行こうとするのであれば、女児は明治三五年から第二高女（現・竹早高校）がありましたが、男児は府立一中から四中までは区外ですので、外に出ていかなければならなかった。ようやく五中（現・小石川中等教育学校）ができるのが大正七年です。

樺山　一中の日比谷から始まるんですけど、小石川は第五ですね。二中は立川で、三中が両国で、続いて、戸山、小石川、新宿ですね。

勝田　この文京区の進学熱のなかで、一学年の定員が二〇〇名の第五が小石川にできたのはけっこう大きな意味があったのではないかと思われます。ある一時期だけは一中は文京区にあったそうですが、すぐに移転してしまって、中学進学希望者の多かった文京区内には公立男子校でその受け皿がなかったところへ、五中ができてリベラル教育を掲げたのはそれなりに意味があったのではないかと想像します。

樺山　当時、下町地区についていえば、いわゆる中等教育はむしろ商業学校のほうが数も多いし、ステータスも高かったと言われます。一商、二商と言われた、第一商業、第二商業のほうが上で、今、両国にあるのは第三かな。データを見ても、商業学校入学者は文京区は少ないほうだけれども、神田区、日本橋区、京橋区は多いですよね。

伊藤　ステータスが上というのは、その後のキャリア的にも？

樺山　そう。キャリア的にもね。もちろん普通の一般中等教育から遙かな高等教育まで行く人もいるけれども、それはごく限られた数のわけだから、それに比べれば商業中学、今の商業高校というのは、すぐに職に就いて、しかも当然親から引き継いだ不動産と「のれん」があるわけだからね。もう今はほぼ逆転してしまっているけれども、もともとはやはり商業高校、工業高校という実業学校は、中等教育のなかでは大事な地位をもっていたんですよね。

勝田　明治一九年の文部省令で、高等小学校で英語を必修化してもいい、地域の実情に応じてやってもいいということになったそうです。文京区の小学校についてさすがだなと思ったのは、小石川区も本郷区も翌年すぐに英語科増設を申請しています。たとえば誠之小も必修化していた時期があったようです。ところが、『文京区教育史』の解釈によれば、大日本帝国憲法・教育勅語が出ると社会が右寄りになっていって、英語を必修化する必要はないだろうという考えが出て、職員会議および本郷区の教育会で議論した結果、選択科目に変わっていったとのことです（同、二九六 ‐ 二九八頁）。

伊藤　おもしろいですね。やはり文京区というのは知的パワー溢れる場所ですね。

樺山　これは小石川区も本郷区もほぼ同じ傾向だというのもおもしろい。

伊藤　本来、小石川区と本郷区というのは性格が違うはずなんですけどね。

勝田　これによると、明治の終わりになって小石川区が本郷区に追いついてくるということなのでしょうか。明治初期の小石川区は一時的に農村化していましたよね。

森田　明治の始め頃は小石川が一番地価が安かった。

伊藤　冒頭で本郷区は下谷区と組むかもしれなかったという話が出ました。

樺山　性格的には下谷区、今の上野のほうがむしろ本郷区に近いよね。だから本郷区と小石川区が文京区として一体化するというのは当時としてはずいぶん抵抗感があったと思うね。

伊藤　でもこれをみるとだんだん小石川が追いついてきたというふうに読めるんじゃないですか。

なぜ東大が本郷にできたのか

伊藤　二つ目の話題に移らせていただきます。東京大学の成立ということで、なぜ東大が本郷にできたのかということについてです。そこにはかなりの偶然といろいろな必然とがあると思うのですけれども、先生のお考えをお聞かせいただけますでしょうか。

樺山　東京大学の歴史については全一〇巻という大部のものができていまして、そのなかの一巻目（総説）には詳細にわたっていろんなことが書いてあります。ちょうどそれができたときに私も現職で東大にいたものですから、一部には参加させていただきました。さまざまな偶然的な要素が重なって、本郷の東京大学ができあがったという。まあ歴史というのはそういうものですから別に珍しくないなと思っているのですが、東大だって、べつに本郷になくてもいい社会機能なんですよね。実際に江戸時代、幕末から明治初年にかけて、いろいろな展開のなかで結果としてここに落ち着いちゃったんですけれどもね。たとえば大学南校、大学東校の所在地などはね。一ツ橋とお玉ヶ池ですけど、どちらも考えてみると、あんなところに東大があっても困るなという気がしますよね。

この前、気になってお玉ヶ池に行ってきたのですが、現在の岩本町二丁目、かつて神田お玉ヶ池と呼ばれていた土地ですけど、あそこは昔、大きな池があった。不忍池のような大きい池だったそうですけど、隅田川の西側の土地で、今の神田と言われるところにずっと広がっていたそうですが、比較的浅いほとんど湿地帯みたいなところだったんでしょうね。それを江戸時代のあいだに次々と埋め立てたというよりは、ゴミを捨てているあいだにほとんどは地面になっちゃったんだと思うんだけども、そのなかに小さな池が残った。この近辺にいたお玉さんという美女が二人の男から言い寄られて、あるいは二股かけて、それで決着がつかなくなって、世を儚んで飛び込んで亡くなった。それを哀れんで周りの人たちが慰霊する社をつくったのと同時に、これをお玉ヶ池と呼んだのだという。

そういう伝説のある池なんだそうですが、のちになると問屋街になりました。そのまんなかに、種痘所が安政五年（一八五八）にできました。東大医学部の主張によれば、ここが東大の一番初期の出発地点だという。医学部は公式にそう言っています。これが東大の東校と言われるもの。少なくとも東大の出発点のひとつではあるけれども、ただし、神田の土地に東大の他の施設が集積して今の東大に継承されるという可能性はなかったと思いますよね。

伊藤　当時はここに佐久間象山の象山《ぞうやま》書院とか、千葉周作の玄武館とか、あるいは蘭学関係の人がたくさん住んでいて、一種の学者町のような場所を形成していたようです。ただ池もありますから、不思議な空間です。

樺山　そんなようですね。何かゴミだらけだったんじゃないかと思うんですけども。その当時いろんな塾がここに林立して、どことなくやはり共通の雰囲気をもっていたんだと思いますね。今は本当に面影もなくなって、記念碑が建っているだけなんですけど、現在の神田や、あるいは明治以降の神田から考えると、大学が立地するような土地柄ではないだろう。

それから東大の南校のほうですが、今の一ツ橋の学士会館の近くにパネルが立っていますけども。かつての開成学校のあとをうけて、南校が建ったわけですね。その一ツ橋はかなり大名屋敷としての広さがあって、それなりの可能性はあったんだと思いますけどね。でも結局、他のいろんな学校ができましたよね。東京外国語学校（のちの東京外語大）も最初はあそこからですし、後に共立女子職業学校（共立女子大）とか、いろいろな学校が競合して建ちました。

東大の前身となる東校、南校がそういう事情ですし、さらに由緒からいえば前身の本校は湯島聖堂ですけど、寛政年間に現在地に移って以来、文字通りの漢学の最高峰ではあったけれども、明治四年の改組のときには大学に引き継がれませんでした。ついでながら、その西隣に東京高師と女高師が後にできあがります。でも高師・女高師は関東大震災で罹災し、ともに今の茗荷谷に移っちゃいました。東京大学はというと、湯島の本校は途絶し、さらに紆余曲折があったのち、大学東校と南校が合併するかたちで明治一〇年に誕生します。そこで新キャンパスの土地を探していた。そこでちょうど本郷のかなりの広さの土地が幸運にもまだ空いていた。加賀藩前田家の旧藩邸が明治初年以降、手つかずになっていた。かなり強権で没収したのだけれども、それが可能だったというのは、今になってみるとラッキーとしか言いようがないですよね。

伊藤　『東京大学百年史』を見ると、明治二年に昌平学校を改編して大学校の本部にして、南校ができて、それから東校の前身である医学校ができて、この三つでとにかく大学をつくろうとしたんですけど、国学と漢学と洋学とでもうたいへんな抗争になってしまったと。

樺山　たいへんなバトルになってしまった。

伊藤　バトルになってしまって、それでもうこれはダメだということで、大学校の本部を閉じてしまうということになって、それで湯島聖堂はなくなってしまうわけですね。だからこれは大きな事件だったと思います。

樺山　それで後に湯島聖堂のほうは、博物館といいますか、展示館というか、そういうかたちでもって継承されたから、大学でなくてもよかったんです。

伊藤　そうですね。結局、明治の五年になりまして、文部省がどこが一番大学の敷地として適切かという調査をしたときに、いくつか候補地が選ばれてきて、そのときにフルベッキ▼というオランダから来た人ですね。この人は確か岩倉使節団のブリーフィングを大隈にやった人らしいですけど、彼が大学にふさわしい場所を提言します。

樺山　そういうことですね。面識が以前からあったようですけどね。

伊藤　これから日本を近代化していくためにはたいへん重要な人物なんですけど、移住先のアメリカからやってきて、彼は南校の教頭になります。寄宿制をとるべきだということで、まず「高燥」［土地が高く湿気が少ない］にして、「大気の交通が自由」なところということで、九段、駿河台、上野、旧聖堂、それから高輪が候補地として挙げられていました。このなかでも駿河台が一番いいだろうということをフルベッキは言っていて、ついで大学南校の監事だった九鬼隆一▼がやはり駿河台がベストだと主張した。それは人家が混みあっていなくて、花街、遊廓から離れているというのがけっこう大きな理由だったようですね。しかもきれいな水が得られる。そして濱尾新《はまおあらた》▼、この人物もたいへん有名ですけど、濱尾も、高燥にして東西の眺望がすこぶるよ

▼グイド・フェルベック［フルベッキ］（一八三〇－一八九八）オランダ出身の法学者・神学者。日本に宣教師として派遣され活躍。

▼（一八五二－一九三一）官僚、政治家。駐米特命全権公使、帝国博物館総長、枢密顧問官などを歴任。息子は哲学者の九鬼周造。

▼（一八四九－一九二五）教育行政官、政治家。文部大臣、東京帝国大学総長、内大臣、枢密院議長などを歴任。

くて、風が通るところで、自然の地形はひとつの城郭のような形をなしている場所ということで、駿河台を最適地と考えます。しかし、いざ駿河台の土地を調べてみるとほとんどが民有地だった。これは大きな土地がとれないということがわかってしまって、結局それが諦めた原因のようですね。

樺山 土地の単位が小さすぎたんですね。世界中の都心系の大学を見るとみんなそうですが、やはり基礎単位が大きいところでないと大学はできないんですよね。パリのカルチエ・ラタンなんかそうですけど、五〇坪、一〇〇坪なんていうところを集積していたんじゃとてもできない。

伊藤 このあいだ先生とポルトガルの中世大学都市コインブラ▼に行きましたけど……。

樺山 あのくらいの規模だったらいいけども、近代型の大学はそりゃ無理ですよね。

伊藤 条件としてはすごく駿河台がよかったのだけれども、敷地条件などで諦めざるをえなくて、次に浮上するのが上野です。寛永寺の境内ですね。いったんは文部省用地として認められるのですが、ここに陸軍省が割り込んできます。それで二つの省の争いになって、結局文部省は上野用地の権利を返上しなければならなくなります。一方、ここは公園地にすべきだという ポンペやボードウィン▼の反対もあってちょうどそのときに本郷が空いていたということらしいんですけど。

樺山 そうですね。上野の場合にはもちろんそういう土地利用に関する関心もあっただろうけれども、やはり彰義隊の戦跡地であって、かなりの人が寛永寺近辺で犠牲になっていた。そう

▼ポルトガルのセントロ地方の中心都市。一二九〇年にコインブラ大学が創設され、各地から留学生が訪れた。

▼ヨハネス・ポンペ(一八二九―一九〇八)とアントニウス・ボードウィン(一八二〇―一八八五)いずれもオランダ出身の軍医。幕末に来日し、オランダ医学を伝えた。

いう十分にまだ事後の決着がついていないところに公的施設を建てるのはいかがなものかという議論もあったという。明治一〇年代にここに建設された上野帝室博物館のときもまだそういう議論があったはずですね。

伊藤　こうして本郷、加賀藩邸がそのターゲットになるわけですけども、当時の加賀藩邸の状況というのはかなりひどかったみたいで、安政二年の地震で甚大な被害を受けています。それから明治元年には春木町の火災でたいへんな類焼を被ります。維新後、前田家は藩邸の南西部だけを残してあとは官有地化されるんですが、明治六年段階では広漠たる原野が広がっていたというふうなことが書かれています。とはいえ、文部省の管轄下に置かれますと、大学南校の養生所が置かれて、大学としての本格的な利用がスタートします。大森貝塚で有名なモース▼は『日本その日その日』に本郷のキャンパス内の初期の状況を書いていまして、かなりボロボロの状態であったということがわかります。そういう状況だったのですごくいい条件の土地がぱっと手に入ったというよりは、かなり荒廃していたというのが実情だったようですね。

樺山　たとえば高輪。旧東海道に沿った、とても賑やかなところだったわけだけれども、よく錦絵なんかに出てくるあの場所は当時は整備が終わっちゃっていて、後発の大学は入れなかったのかな。

伊藤　あっちのほうも候補としてあったと思いますけど、そこを大学用地として求めるには、もう時期的に遅かったのかもしれませんね。

▼エドワード・モース（一八三八－一九二五）アメリカの動物学者。東京大学教授を務め、大森貝塚を発掘し、日本の人類学、考古学の基礎をつくった。『日本その日その日』はそのエッセイ集。

樺山　遅かったのかもしれませんね。だって在外公館がこぞってその辺りを狙いましたよね。イギリスも早くから手を打って東禅寺をとった。そのあと一八七五年に今の千鳥ケ淵の近く（半蔵濠）に移りましたけども。

伊藤　そうですよね。だから東大のキャンパス選びはかなり偶然に本郷に決まったことになります。たまたま空いていたということもあるのですが、加賀藩前田家の理解があったことも重要です。もうひとつおもしろいエピソードとして、明治八年に文部大輔の田中不二麿▼という人が千葉県の国府台《こうのだい》に東京大学の建設計画を立てていて、そこで大規模な土地を獲得して、本当の意味での総合大学をつくろうという案が提案されるということがありました。結局この提案は立ち消えになってしまうのですけどね。

樺山　それで結局、のちに第二工学部▼が……。

伊藤　そうなんです。それが別のかたちで千葉に実現したのが第二工学部なんです。

樺山　それで第二工学部が廃止になったから、今になって……。

伊藤　すでにこの頃から東大は千葉に目をつけていたようで、地元では土地の買い上げとかも始まっていたみたいですね。農村にいろいろ協力を頼んで。

樺山　それはたとえばボストン郊外にハーバード大学をつくったようなもので、やはり都心型の対極のキャンパス型の大学という発想がきっとあったんでしょう。

伊藤　あったんでしょうね。たぶん海外型の。

▼（一八四五―一九〇九）官僚、政治家。岩倉使節団理事官として欧米に渡って教育制度の調査にあたった。

▼東京帝国大学第二工学部。東京大学が一九四二―一九五一年まで千葉県千葉市弥生町に設置していた工学系の学部。

樺山　アメリカのようなキャンパス型の大学と、パリ大学のような都心型の大学と、あえていうと二つのパターンがあります。おそらく一九世紀の後半に都市改造が進んでいったときに、郊外の大規模敷地に大学をつくるという発想が次第に有力になっていましたよね。なのに、結局、本郷を選び取ったというのは、いろんな力学が働いたのだろうけれども、その後の流れがそれで決まってしまったよね。日本でキャンパス型というのは筑波大学まではほとんど国立大学についてはは成立しなかった。

伊藤　仮にこのときに成立していたらまたたいへんなことになっていたかもしれないですね。東大が国府台にできてという、ちょっと想像できないような。

樺山　でもあそこは東京都じゃないだろうとか言われて、成田空港みたいなもので。

伊藤　それで明治一九年に帝国大学ができて、明治二一年に工科大学、あるいは理科大学などが移ってきて統合する。この年に実は根津の遊廓が洲崎に移転させられています。もともと遊廓の近くというのは嫌われていたということが、先ほどの明治五年の大学用地探しの話にもありましたね。根津の遊廓は岡場所▼で、年限つきで許可されていましたけれども、これ以上は延長しないということになり、まだ営業を続けたいという人は洲崎に移されるんですね。だからそこで根津は華やかな場所から消えていってしまうというようなことがあります。

樺山　でも簡単にそれで決着がつかなかった。依然としてそういう闇の場所はあったし、遊廓そのものではないにしても、まだ紅灯の土地はやはり大学人と無関係ではないので、微妙なか

▼江戸時代、幕府公認の唯一の遊廓であった吉原に対して、それ以外の非公認の私娼屋が集まった遊郭のこと。

たちで残りますよね。それは他の大学にとってもそうだし、世界の大学だって何となく大学のそばに、いろんなかたちでの歓楽地がありますので、問題はそう単純ではないでしょうね。

伊藤　そうですね。いずれにしてもこういう紆余曲折を経て本郷キャンパスができます。明治の末ですけど、東京帝大の面積は一〇万坪、それから一高が三万一〇〇〇坪ということで、両者をあわせると本郷区全体の五分の一を占めていたということになります。やはりかなりの存在感のある教育施設がここに成立したわけです。明治三一年の文部省の職員録によると、帝大の教員が全員で一〇〇人が書き上げられているんですけど、そのうちの五〇人が本郷区に住んでいる。半数が本郷区に住んでいて、小石川区が一一人ということで、二つ合わせると六割の帝大の教員が大学近くに住んでいたと。

樺山　交通手段が極めて限られていたわけだからやむを得ないだろうし、それは東大に限らず京大だってそうですよね。ご承知のように京都大学では北白川周辺に多数の京大関係者が住んでいますものね。

伊藤　近くにやはり住んだ人の多くは帝大の教員でした。で、どのあたりに住んでいたんですかね。

樺山　よく言われるように、西片町。

伊藤　やはり西片ですかね。

樺山　単純に本郷のこの場所を中心に置いて同心円を書けば、もっと広く他のところにまで広がってもいいはずだけど、なぜか東大の西側に広がったんですよね。西片町では備後福山藩の阿部家が大きな土地をもっていて、たまたまその脇に東大が来たわけだ。あれは中屋敷ですけども、次々と分譲というか、細かく細分化して大学の先生たちに入ってもらったということのようです。それは当時としてはごく普通の発想だったのだろう。西片町だけではなくて、西片町から旧中山道に沿っていくと、昔の曙町（今の本駒込一丁目）ですよね。あるいはもう少し北に行くと大和郷《やまとむら》▼と言われていた土地（今は本駒込六丁目）ですが、いくつかそういう評判の住宅地ができた。ただし今の六義園、つまり三菱がもっていた土地の周辺がもう少し広大な居住地になってもいいような気がするけども、三菱は三菱でやはりあの土地をしっかり確保したわけですよね。いまの東洋文庫がある土地のようにね。

だいたい駒込や巣鴨までが当時の東京の人間、かつての江戸生まれの人間の常識的な範囲内だったんだと思いますね。「かねやすまでが江戸の内」というけれども、その「かねやす」からもう少し外側。その外側は今でいうと明治三六年に完成した山手線の線路沿いくらいまでが常識的な東京の圏域であって、しかもそれがちょうど本郷区・小石川区の北の境目になっているわけですね。

伊藤　なるほどそうですね。明治三〇年代の西片町に住んでいた学者のことがある程度わかるんですけども、どうなんでしょうか、当時のサラリーからすると、阿部屋敷のあとの土地というのは高かったんでしょうか。安かったんでしょうか。帝大の教師が買えるくらいの額だった

▼本駒込六丁目、六義園に隣接する都内屈指の住宅地。三菱財閥の所有地を大正一一年に中産階級向けに分譲したのが始まり。

んですかね。

樺山　どうなんでしょうね。あれは初め借地だったと思いますよ。その後、徐々に私有地化していきましたけども、でも何となく、安いか高いかは別にしても、全体として阿部家の土地を引き継いでいるという共有感というかな、それがあった。あそこだけは番地の命名法が独特で、イの何番とか、ロの何番とか言っていました。それは東京には珍しいですよね。それも、その枝番に至るまでが合理的にできているとはかならずしも限らなくて、ロの次のハがべつの方にとんでいたり。

伊藤　ああ、そうなんですか。誠之小学校はもう藩の頃からですよね。

樺山　もとは広島で開校した誠之館に由来しますが、小学校自体は明治になって設立とのことです。その誠之館の東京分校はもともとはここではなかったようですけど。阿部家は二つの部分を学校のために取り置いたという話です。公立学校の草分けである誠之小学校と第一幼稚園になりました。払い下げのかたちでもって東京市が引き取ったんでしょう。

伊藤　夏目漱石の『三四郎』に出てくる広田先生が西片町の借家に住んでいましたので、基本的には最初はそういう状況だったんでしょうね。

樺山　借地だったんでしょうね、きっと。私の親戚も何人か西片町に住んでいましたけども、やはり最初は借地だったようです。あそこは空襲で焼けませんでしたので、戦後もずっと同じお宅が子孫に至るまで引き継いでいた。そのうち戦後はほとんど私有地に変わったと思います。

戦後、阿部家もずいぶんお困りになっていたようだから。

伊藤　五反田の池田山とは事情が違うんですかね。池田山も同じようなかたちで旧岡山藩池田家がもっていた地所を分譲したところで、高級住宅地になります。わりあい理解があったというか、阿部家が東大という存在を考慮していたということですね。

樺山　そうでしょうね。かなり権威のある藩校ももっていたわけですから、誠之館という重みから考えてみても東大についての理解があったんだと思いますよね。

伊藤　そうですね。それからそういう帝大の教員と同時に学生がやはりたくさん集まってきまして、明治二六年の資料なんですけど、下宿屋が本郷に三七〇戸あったとされています。次が神田で三〇〇戸ということですので、本郷、神田周辺だけでものすごくたくさんの下宿が供給されて、一大学生街が成立すると。

樺山　これは東大だけではなくて、後に大学になった明治とか中央とかみんなその周辺が学生街になった。本郷についていえば、学生下宿というのは、私たちの大学時代にはまだありましたよね。

伊藤　一部屋だけ間借りみたいなのもありましたしね。あともう壊されてしまいましたが、木造三階建ての本郷館▼もありました。

樺山　ええ、本郷館のほかにも、いくつかありました。西片町は戦争で焼けなかったという事情があるものだから、いかにもその当時に面影をよく残している下宿があって、私たちは自分

▼本郷六丁目にあった下宿屋。一九〇五年（明治三八年）竣工。三階建て、延べ四〇〇坪、七〇室余りを擁する巨大な木造家屋だった。二〇一一年に消滅。

は住まないくせに下宿にいる友達のところになだれ込んでこっそり酒を飲んでね。飲んで騒ぐとおかみさんに怒られるんだけど。

伊藤　現在でも東大の門前には大学関係の医療器具を扱う店とか、文房具店とか、眼鏡屋とか、写真館とかありますけども、もうひとつ落第横丁▼みたいなところもおもしろくて、この路地の形成はなかなか興味深いとのことです。よく飲みに行くお店があって、最近は行かないんですけど、話に聞くと、このあたりは昔はビリヤードがあったり、銭湯があったりでたいへん賑やかな路地だったそうです。

樺山　はい。銭湯は戦後までありましたよね。ビリヤードは、戦後のことではありませんが、うちの父も大学はここなんですけども、よくそこのビリヤードに通っていたという。そのビリヤードとおでん屋と。おでん屋は最近までありましたよね。農学部前の呑喜《のんき》。

伊藤　ああ。どういうお店があったんでしょうね。僕はあまり詳しいことは知らないんですけど。

樺山　でも普通に考えられるようなもの以外にけっこうしゃれた洋食屋もあったことはあったと。

伊藤　『三四郎』にカレー屋の「万定《まんさだ》」が出てきますよね。しゃれたアールヌーボーのお店があると書いていますね。

樺山　それとか戦後ですが、「たむら」という洋食屋。落第横丁を出て少し赤門側に寄ったと

▼東大の赤門近くにある裏通り。

ころの表通りにあった洋食屋さんです。

伊藤　ああいう何々横丁というのは落第横丁以外にあったんですか。「合格横丁」というのがあったという話も聞いたことがありますけど。

樺山　それは知らないな。

勝田　地元の人に聞いたのですが、正門を出て本郷通りを垂直に突っ切るかたちの、樺山先生と伊藤先生がよく行かれた萬世庵に向かう通りを、落第横町の向こうを張って合格横町として地域振興をはかったのだそうです。結局、うまくいかなかったようですが。

私立学校が次々できる

伊藤　三つ目の話題に移りたいと思います。東大ができることによってその関連でいくつかの教育施設が登場するということは見逃せません。湯島は結局大学本校にならなかったので、そこに東京高等師範学校や東京女子高等師範学校が成立します。それが東京高等歯科医学校（現在の東京医科歯科大学）へと変わることによって、東京高等師範学校や東京女子高等師範学校は大塚に移動して、それが戦後、東京教育大とかお茶の水女子大になる。それからやはり法律関係の学校が周りにできてくるということで、明治大学、法政大学とかが誕生します。

樺山　駿河台まで入れればね。

伊藤　ええ。駿河台も含めてこのあたり全体がたぶん東大の影響でできてきたのではないかというふうに思いますけども、一方で文京区の大学を見ていると、かなり先進的なというか、先駆的な女子教育の場が展開していることが注目されます。湯島に女子高等師範があったということもひとつですけれども、日本女子大、跡見学園、それから女子美術大学も女子のための初の美術学校として成立します。このあたりのでき方もすごく文京区らしいおもしろさがありますね。

樺山　そうですね。高等教育の付属施設としてできた小中学校もそうです。それから今ふうにいうと基礎自治体がもっている幼稚園・小学校もかなり早く整備されました。文京区立第一幼稚園は日本で一番古い公立幼稚園のひとつです。戦争も含めて長いあいだご苦労があったけれども、ずっとその水準を保ってきていますしね。それから小学校でも誠之小学校をはじめとして、初等教育におけるリーディングポジションにあった。今では何となく進学率等々で話題になっていますけど、やはり教育内容についての指導理念を体現していたという意味では、誠之小学校の果たしていた役割はとても大きい。しかも実際に誠之小学校出身の人たちがずいぶん社会的なリーダーになっていきましたよね。西片町にお住まいだった要人たちのご子息が行ったわけだから、何となくある種の指導層ができあがったというか……。

伊藤　教育資本というか、文化資本ですね。

樺山　どこの国でもあることなので珍しくはないけれども、日本の場合には典型的にこの都心部で展開したということですよね。

伊藤　それからもうひとつ文京区の特徴として挙げられるのは、仏教系のお寺のなかから教育施設が誕生しているということです。今は文京区ではなくなりましたけど、駒沢大学は駿河台にあった吉祥寺から生まれた大学ですし、伝通院からは淑徳学園が成立します。今も高等学校がありますね。それから日大豊山《ぶざん》が護国寺から生まれています。

樺山　豊山派の総本山ですから。

伊藤　そうですね。だから江戸の周縁部でお寺がかなりたくさん集積しているということと、文京区は台地があってその縁にかなりお寺がたくさんあるということもあって、そういう場所が近代を迎えて新しく教育というものを生み出していく母体になる。

樺山　一番典型的なのは東洋大学だという感じがします。文字通り哲学館から始まっていますので。あれも今は白山にありますけど、昔は本富士町の向こう側にあった。竜岡町の麟祥院ですか。ほかにもそういうような経緯でもって成立した大学がたくさんありますよね。これは港区とよく似ている事情だとは思うけれども。

伊藤　だからこういう事例を見ていくと、東大があったからというのは、もちろん大きな要素ではありましたけど、それ以外のいろんな要素も動いてきて、それが自然に集積されていって文教の土地になったというプロセスが考えられます。

樺山　いずれにしても、東京の場合には、京都とは違って、両本願寺とかいわゆる本山系のお寺が少ないので。つまり京都の大谷大学、龍谷大学のような、文字通り仏教教育と深くかかわっていたというわけではなくて、仮にあったとしても仏教教育を専門にやっていたわけではかならずしもないんですね。それがやはり京都との違いかなという感じがしますけどもね。京都は起源はみんな本山付属ですよね。東西本願寺ばかりじゃなくて。

伊藤　なるほど。確かにそうですね。それはおもしろいご指摘ですね、

樺山　日本では近代の大学はお寺と直接関係なしに生まれたというところがある。そこはキリスト教世界の大学とはわけが違う。ヨーロッパの場合はかつては大学は司教座の大聖堂学校から派生したわけだけれども。日本では真言系の種智院大学や高野山大学くらいの小規模の大学はあるけれども、他はみんな基本は世俗大学ですよね。

伊藤　でも確かに仏教系の教育機関は本当に少ないですね。ヨーロッパと比べると違いますね。

樺山　その代わりにミッション系の大学が日本の場合には明治時代以降に出来たということだけども。文京区にはミッション系の大学はまったくないかな。

伊藤　そうなんですよね。まったくないんじゃないでしょうか。幼稚園くらいじゃないかな。

樺山　お寺のお坊さんがアルバイトでやっている幼稚園はあるけども。

伊藤　私立でいくつか、諸聖徒幼稚園とか……。でも確かにミッションスクールが少ないのは文京区の特徴かもしれませんよね。

樺山　そうですね。港区にはミッション系の大学がたくさんありますよね。

伊藤　明治学院大学もそうだし、東洋英和学校とかね。

樺山　ミッションは圧倒的に港区が多いですね。やはりミッション系学校として早くから出るべきものが出揃ったからでしょう。仏教系を含めてですが。キリスト教のミッションは、プロテスタント系が多いですが、東京では横浜に向かう東海道沿いですよね。明治初年の交通事情とも関係が深いのだと思いますけど。

伊藤　あともうひとつ、文京区では拓殖大学というちょっと異色の大学があります。先生はご存じかなと思うんですけど、成立事情をご存じでしたら教えていただきたいんですけど。

樺山　詳しくは知らないんですけど、あれはもともと台湾協会学校ですか。

伊藤　最初は和仏法律学校（法政）のキャンパスを借りて立ち上げたようですけれども、台湾を開拓するための人材を育てるということで、桂太郎が唱えた「積極進取の気概とあらゆる民族から敬慕されるに値する教養と品格」をモットーにつくられた。

樺山　念頭に台湾があったんでしょうけどね。

伊藤　ここだけは何か文京区のなかでもちょっと異色の大学ができたなという感じがしないでもないんですけど、法政のところで一時間借りしていたことがあるので、そういう流れがあったのかもしれませんけども。

さまざまな病院の集積でメディカルモールができていた

伊藤　それでは四つ目の話題に移りたいと思います。文京区は駿河台とも合わせて考えていくと、たいへん古参の病院がたくさんあって、先ほどの大学の敷地選びのときに言われた高燥や、泉水清浄や、風通しが四通しているという条件は、当然、病院にとっては必要な環境条件ですので、ここが選ばれるというのは納得がいくのですが、それにしても多いですよね。

樺山　多いですね。大学のときにも話が出ましたけれども、ミッション系の大学が港区にある。ミッション系ではないけれど、キリスト教精神に沿った病院が港区や中央区にある。たとえば聖路加みたいなね。それに比べると文京区の側は、キリスト教ともまったく無縁ではないけれども、ほとんどはそれとは違う由来から出てきた病院ですよね。順天堂でも日本医大（旧済生学舎）でも。

伊藤　ええ。これはだから医学校が東大にあったということも関係あるんでしょうけども、やはり場所、環境の条件というのがかなり大きかったのかなと。

樺山　丘と谷でできているまちですから、坂に立つと必ず病院の大きなビルが見える。御茶の水でもそうだし、千駄木の坂でもそうだし、坂に面して大きな病院が目立つようになりましたよね。

伊藤　文京区では順天堂大学がわりあい早く、明治八年に本郷に移ってきていますし、最初は薬研《やげん》堀、現在の中央区あたりにあって、蘭方の医学塾が前身でしたが、明治八年にこちらに移ってくると。

樺山　順天堂という、いかにも何か意味深い名前ですね。それともうひとつの話題。僕は駿河台の浜田病院で生まれたんだけど、あそこは浜田病院もそうだし、瀬川病院もそうだし、わりと個人名の残っている病院がありますよね。杏雲堂ももともとは個人病院でしたから。瀬川さんといえば、戦争で焼けなかった立派なお屋敷が残っていますよね。

伊藤　瀬川家住宅というのは弓町ですね。六代目のときに古市公威《こうい》▼の家を譲り受けた。もともと古市公威というのは内務省の土木局のリーダーですが、東京の築港計画にも深くかかわっていて、フランスにも視察旅行に行っています。この古市の家を引き継いで現在の瀬川家住宅が誕生します。登録文化財として保存されています。

樺山　病院は別にどこにあってもいいような感じがするけれども、もちろん風光明媚等々も条件だけど、それ以外にも複数の病院の集積が必要なんですね。ある病院があって隣りも病院だというのは、やはり相互に経験・知識交流、情報交流もあるし、アルバイトもできるということももちろんあっただろう。病院はやはり集積効果が上がらないと本格的な医療ができないからでしょう。自治体が大きな総合病院をつくるでしょう。そうすると周りの小さいお医者さんが全部なくなってしまう。それじゃ医療というのはうまくいかないんだということです。医療には最先端医療と地域医療という両極がありますから、両極を支えるためには大きな病院もあれば小さな診療所も必要だ。違った科の病院が並立して、競争関係にあるから、ときにはつぶれることもあるかもしれないけれども、やはりそれが複数あることが集積効果になって医療の水準を高めるんだという、そんな議論になっていますよ。

▼（一八五四－一九三四）工学博士。帝国大学工科大学初代学長。土木学会初代会長、理化学研究所第二代所長。

伊藤　最近、メディカルモールなんていう言葉が出てきましたね。
樺山　そうですね。ひとつのビルのなかに歯医者から内科から何でもあると。
伊藤　そういう意味では、ここには早くからメディカルモールができていた。
樺山　そう。初めは横に広がったモールだった。それが縦にも展開した。急速に現代化するために とる手段としては賢明な手段だと思いますよね。ゆっくりゆっくり何百年とかけるのなら ともかく、速いスピードでもって水準を上げていくのだとすれば、やはりどこかに集積すると いうことですよね。たぶんそれは医療だけではなくて、教育もそうなんじゃないかな。
伊藤　そうかもしれませんね。
樺山　医療と教育というのはよく似ているところがありますから、やはりどこかに地理的に集 積することでもって高度化する。
伊藤　教育と文化資本の関係を論じたピエール・ブルデュー▼はそういう地理的集積については 書いていますかね。
樺山　これは普遍的には通用しない議論かもしれないですが、ただ日本について言うといかに もそんな感じがするんですね。お寺だって集積効果ですよね。軒並み寺が林立してね。
伊藤　確かにそうですね。これはヨーロッパ都市にはない日本の都市のおもしろさかもしれま せんね。
樺山　あれは火事で焼失したあと行政権力に追いだされてみんなが集まったんだと言うけれども。

▼（一九三〇―二〇〇二）フランスの社会学者。

伊藤　移転して一挙に寺町地区をつくった場所もありますが、次第に寺院が集まってくるところもあります。台東区の谷中は後者のタイプです。

　というわけで、たいへん駆け足でこちらで準備した四つの話題を中心に先生にお話をうかがってきましたけども、まだ十分に議論できていない点とかも含めて、東京大学がもしなかったらできていなかっただろうという側面もあるし、いや東京大学がなくても成立したであろうという側面もあるし、その両方が今回の対談で浮き彫りになったような気がします。最後にまとめというかたちで先生がお考えになっていることをご自由に発言していただければと思います。

比較大学都市論

樺山　もっと専門家の方がたくさんおいでになるのに、駆け出しの人間があれこれと思いつきで言っているにすぎないんだけれども、やっぱり比較大学都市論とでもいうかな、あるいは大学と都市のかかわりについての比較研究というものが可能だなと思っています。伊藤さんのやっておいでになるような領域であるとか、私たちの歴史学とか、共通の課題として耕すべきところがたくさんあるだろうと思うんですよね。普通は大学の議論をするときには、大学の制度であるとか、そこでの学生のステータスとか、場合によっては、大学の自治はいかにして侵犯されたかとか、いろんな社会的文脈にしたがうテーマで議論されてきたわけですが、もっと別の側面があるだろう。ことに大学が都市のなかにあるという事実をとりにがしてはならないだろう。一般化して言えば居住世界と大学とのあいだの関係は、個々の大学の決断事項でもあると同時に、私たち研究者にとっても分析対象としておもしろい問題をたくさんもっていると思うんですね。

伊藤　確かにそうですね。

樺山　その昔、NHKの人間大学講座で大学の歴史について話したことがあります（テキストは、『都市と大学の世界史』一九九八年）。一九九八年ですからずいぶん昔のことですが、自分が大学にいるということで、一種の責務でものを考えたという側面ももちろんあります。それ以上にやはり都市と大学との関係というのは、個別の東京大学だけではなくて、あるいは日本の大学だけではなくて、新しく大学をつくる国々も含めて、世界の共通の問題だろうなという感じがしていました。東京大学は一定の歴史的条件のなかで、しかも東京という特異な空間的条件のなかでもってできあがってきたものですから、その二つの側面を具体的に考えてみたいと思った。それを通して大学と都市というのは本質的にどういう関係であるべきか？　というような議論も含めて考える必要があるだろう。今は僕は大学の当事者ではないのですが、大学の当事者の方々にとってやはりどなたかが踏み込んで考えなければいけないことだと思うんですよね。でもそれは残念ながらできていないと思うし、だいたい大学のなかに大学についての研究者が少なすぎますよね。

伊藤　いませんよね。ほとんどね。都市と大学という関係は、本当にいろんな意味でいろんなかたちをとりえます。

樺山　とくに都市という居住世界、あるいは社会一般と大学との関係は、大学の側からきちんとしたメッセージ発信をしなければいけない。だいたい外から石を投げられて、それから考え直してバタバタするという残念な状況ですから。

伊藤　最近、東京電機大学とか東京理科大学の一部が千住や葛飾のほうに移転して、地元のまちに対してかなり大きな影響を与えているようです。学生の行儀が悪く、弁当を食べて平気で町に捨てていくとかがあって、まち側から逆に学生を教育するようなことがありました。北千住商店街では、学生にワイワイ騒ぐなとか、ここは通らないようにとか規制しているということです。

樺山　東京電機大が北千住に行くときには、学内でもずいぶんもめたということもあって、ちゃんと襟を正していこうじゃないかと大学関係者としても考えたんですね。今まではどちらかというと大学は、偉いわれわれが行くんだ、そこ退けそこ退けといっていたけれども。北千住の場合には、変なのが来るんだったらやめてくれと言われて、やっぱり大学も地域社会に対してまっとうにコントリビュートしなければいけないんだと気がつき始めたのでしょうね。ごく当たり前のことだけれども、一から出直して社会と大学の関係を考えようじゃないかということですね。

伊藤　その点で文京区は東大と古くから関係をもって、ある種、適切な関係を保ちつつ……。

樺山　問題はなくはないけれども、まあ適切にやってきましたし、少しずつスタンスを大学としても改善してきたということもありますから。でも街のほうもいろいろ言いたいことはあるだろう。もう少し大学の方々も周りの街を大事にして、ちゃんとお金を落としてあげよう。本郷のように本当に門前町がこんなに貧しくなってしまったというのは……。

伊藤　そうですね。本当に最近は本郷界隈のお店の回転も速くなったし、古いお店がなくなってしまった。ところで勝田先生は四年前に文京区に移っていらして町内会の方々とおつき合いもありますけど、どんな状況で今皆さん過ごされているんですかね。

勝田　商店街の方々とおつき合いさせていただいているのですが、じつは皆さん商店主であると同時に、ビル持ちでもあったりします。つまり賃貸マンションです（本書「「空中都市」の形成と変容」参照）。町内会の飲み会に行っても東大のことはあまり話題に出てきません。東大との関係で、今回のお話にあわせて、自分なりにストーリーをつくったうえで文京区の統計を調べてみたんですね（『文京の統計』）。で、本郷の四、五、六丁目ぐらいが東大とかなりつき合いが強そうなところに思えたので、そこの飲食店や喫茶店の動向を跡づけてみました。自分のストーリーというのは、独法化とともにキャンパス内に飲食・喫茶店が増えてしまって門前町が寂れた、というものです。ところが統計を見てみると、どうもそれとは違うデータが出てきましたので、自分のストーリーは破綻してしまいました。意外に、四、五、六丁目は、本郷地区の一丁目から七丁目の中で、そもそもあまり飲食店・喫茶店の多くないところです。

樺山　もともとね。大学の独法化よりもはるか昔、高度成長以前から確かに少ない。

勝田　集められた一番古いデータが昭和四三年のものなのですが、その段階でむしろ一、二、三丁目のほうが店は多い。

伊藤　むしろあっち側に集積していると。

勝田　はい、そうです。それで二〇〇四年の独法化のあとに、目に見えるかたちで大学周辺の飲食店・喫茶店が減ってくれれば自分のストーリーにとっては都合がよかったのですが、統計のとり方が変わってデータが本郷地区全体で出されるようになっているので、細かいことはわかりません。本郷地区全体で言うと、二〇〇二年から二〇〇六年にかけて飲食店は六〇軒（約一〇％）以上減っています。そのうちの最大の変化は二〇〇三年から二〇〇四年にかけてで、まさに独法化の時期なのですが、自分にとって厄介なことに、逆に喫茶店は二〇〇二－〇六年に四〇軒近く増えています。だから東大の独法化がどのように影響しているのかはわかりません。

樺山　たとえば慶應義塾と三田との関係とか、あるいは早稲田と高田馬場とか、明治と駿河台の関係とか。そういうふうに考えてみると、東大のキャンパスと本郷の地域社会とのあいだの関係というのはとても希薄なんですよね。議論がホットにならない。

伊藤　確かにそうなんですね。でも不思議ですね。

樺山　こんな都心型の大学を構築したことの責任からも、東大も少なくとも今後は都市の地域社会に対して何らかのメッセージ発信をして、大学は地域社会と一緒にやっていくぞというスタンスを見せなければいけないと思いますね。ずいぶん前から大学のなかでそう言い続けていましたけれども、あまり共感を得られなかった。ひどい人は大学の自治と学問の自由だとかいって、地域社会など他所から介入してくるなと言った。部外者が来ると静粛さが失われるとかね。今やもうそういう議論は成り立たなくなりましたが。

伊藤　そうですね。あとは下宿も減っていますかね。

勝田　今は賃貸マンションという形態が増えていますからね。昭和四三年になると文京区全体で下宿はすでに三〇軒しかありません。

伊藤　全盛期は三五〇軒だった。その頃のほうが密接な関係があったかもしれませんね。だんだん希薄化していったということでしょうね。

樺山　これは大学自体の行動様式よりは、社会一般の構造変化によっていますから簡単ではないけれど。でもそういう社会のなかでもって、じゃあどういうスタンスを社会にむけて新たにとるべきかという問題になりますので、大学もそこはやはり自分の問題として考えて欲しいなと思いますよね。それはさっきの電機大の人たちと同じで、早稲田の人たちも慶應の人たちもやはりそういう問題として考えていました。うまくいったとは限らないけれども、少なくとも早稲田大学の場合には早稲田や高田馬場の商店街との関係はとても密接ですよね。学園祭のときには必ずあそこの商店街の皆さんを招待してね。慶應の仲通りもそうですが、何かそういう視点や発想が本郷の大学には欠けてきたということがあるので、この際それも含めて東大のあり方を考えるいいチャンスになっていると思います。「文京区」についていえば、日本社会と東大なんていう大袈裟な話になり、高級官僚をいかにして生み出したかとか、そういう連中がみんな悪いことをしたとか、そういう話になりがちだ。そういう議論はともかくとして、やはり地域社会と大学という一般的な問題を噛み砕いていって、本郷と東大の関連というように考えていく必要がありますし、いいチャンスになっているとは思いますよね。

――神田や早稲田に比べて本郷の古本屋街は壊滅状態ですが、これはなぜでしょうか。

樺山　早稲田と神田と本郷というふうに三つとりますと、本郷の古本屋さんは数は少ないにしてもかなり格の高い古本屋さんがありましたよね。今でもありますけども、全体としては冷たい感じですよね。通りかかるお客さんを相手にしていない。今は古本屋もみんなネットでむしろ商売しているということはあるけども、ともあれ本郷の古書店は格が極めて高い。店構えも古風で、しかも通信販売でも全国を相手にしている。学生がぶらっと来ても追いだされるんじゃないかっていう感じで。

伊藤　じろっと睨まれてね。

樺山　おまえたちが来るところじゃないという、ちょっと上から目線の言い方をしますから。本郷の昔からある格のある本屋だとね。昔は立ち読みしているとハタキで叩かれたもんですよ。いやぁ本当に神田神保町があれだけ栄えて元気なのに、本郷は元気が出ませんね。

森田　学生が住んでいないということはないのですか。

樺山　学生はもともと、あんな格式のある本屋には行かない。いまならネットで捜すし、仮に新本屋に買いにいくとしたらジュンク堂とかに行くので、本当に他の街もどんどん古本屋は廃れてきている。でも神田神保町みたいなケースもありますのでね。やり方によっては立て直すこともできると思うけどね。本当はたとえば本郷通りにでも日本文学、国文学の古くからある本屋さんがあって、留学生の人たちがそこに行けば必ず必要なものが手に入るとか、ちょっと名刺でも置いて帰れば自国に帰ったあとでも通信販売してくれるとか、そういうことがあれば非常にいいんだけどな。たとえば、今、東京に来る国文学研究の人たちは西神田の某書店に行く。ここは外国から来る研究者に手厚い。日本研究の外国人たちは日本に来るときにはそこに立寄って、大きな袋に入れて買って帰るそうですね。

伊藤　確かに古本屋というのはひとつの教育機関でもありますよね。どういう本が学問に重要かをよく知っている。

樺山　店のおじさんが留学生に対して現状を説明して、教育効果を上げてくれるということがあるはずだし。同じことがかつてはパリのカルチエ・ラタンにもあったな。私もそこでいろいろのことを教わった。

伊藤　図書館ほど難しくもないし、入って話もできるし、手に取って、買うこともできるわけですから、とても身近な場所ですよね。どうもありがとうございました。

最初の学校集積地――一ツ橋通町周辺と湯島

伊藤毅

二つの同窓会館

千代田区神田錦町三丁目に学士会館がある。建築史の分野ではよく知られている建物で、東京帝国大学工科大学建築学科を優秀な成績で卒業した高橋貞太郎が競技設計で一等当選し設計した作品である。構造設計は高橋の師匠であった佐野利器《としかた》▼が担当した。鉄筋コンクリート造の建築に当時流行した茶褐色のスクラッチタイルが貼られており、重厚かつモニュメンタルな姿で昭和三年（一九二八）に完成した。当初は東京帝国大学卒業生のための同窓会館として誕生したが、のちに全国の旧帝国大学卒業生も会員に含むようになる。

学士会館の斜め向かい側には一橋大学の同窓会館である如水会館がそびえたっている。当初の如水会館はすでに取り壊されたが、東京大学工学部建築学科の前身、工部大学校造家学科第一回卒業生曾禰達蔵とその後輩中條精一郎が代表をつとめた曾禰中條建築事務所が設計を担当し、瀟洒なモダニズム建築として大正八年（一九一九）に竣工した。

▼（一八八〇－一九五六）建築家、構造学者。芸術としての建築より工学としての建築、とくに耐震工学に重きを置き、日本の構造学の発展に貢献した。

学士会館

如水会館（曾禰中條建築事務所）

なぜこのような場所に、東京を代表する二つの大学の同窓会館が向かい合うようにして登場したのだろうか？

「明治東京全図」（明治九年、地図資料編纂会編『日本近代都市変遷地図集成　５千分の１　江戸－東京市街地図集成　１６５７－１８９５』柏書房、一九八八年所収）の当該部分をみると、じつに多くの教育施設が一ツ橋から神保町に向かう一帯に分布していたことがわかる。

神田の学校集積

皇居平川門から平川橋を出たすぐ西側には「女学校」とあり、ここにはわが国最初の官立女学校（東京女学校、通称竹橋女学校）が濠端に建っていた。現在の毎日新聞社があるあたりである。神田錦町三丁目に目を移すと、通りを挟んで両側の広大な敷地を開成学校が占めており、東側には学校、教師館（学校敷地より広い）、西側には開成学校病舎がある。開成学校の北側には東京英語学校があり、開成学校病舎の北側には東京外国語学校とその添地が隣接している。東

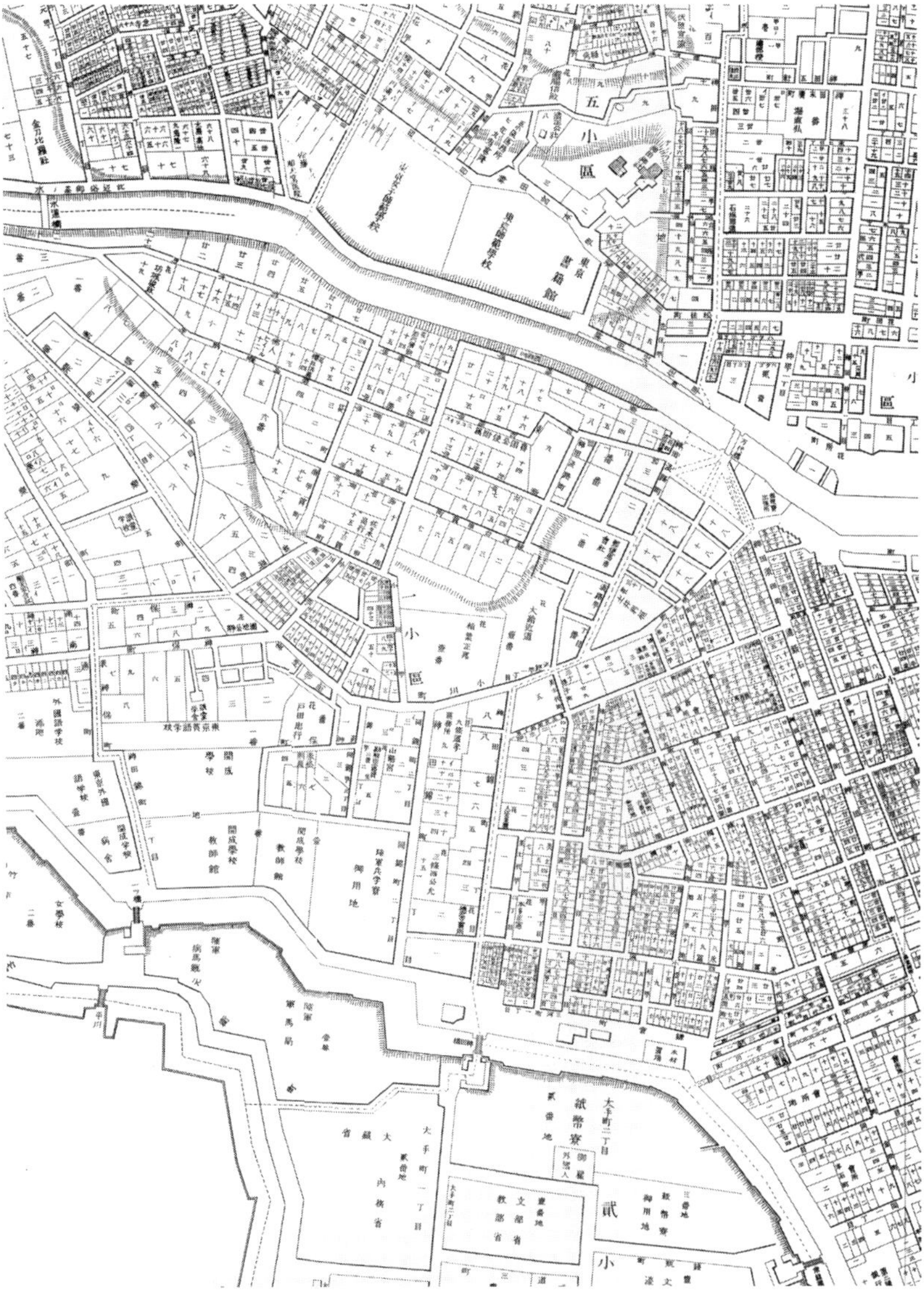

明治東京全図一ツ橋・神田付近（明治９年）

側の東京英語学校の敷地にのちの学士会館、開成学校病舎の地に如水会館が建つことになる。

　そのかん土地の変転はあったが、もともと一ツ橋から神田錦町付近一帯は教育機関が集積する場所であり、学士会館や如水会館の立地もそうした場所の歴史的な性格を継承している。ちなみに学士会館の土地は東京英語学校→東京府中学校→学士会館という推移があった。

　神田錦町にかつて存在した開成学校以外の各種学校を示すと以下のようになる。

・学習院　明治一〇年（一八七七）－明治二一年（一八八八）。学習院大学の前身。
・三菱商業学校（明治義塾）　明治一一年（一八七八）－明治一七年（一八八四）。のち旧慶應義塾大学分校に。
・東京法学社　明治一三年（一八八〇）－明治一七年（一八八四）。のち法政大学に。
・英吉利法律学校　明治一八年（一八八五）－大正一五年（一九二六）。のち東京法学院を経て中央大学に。
・錦城学校　明治二二年（一八八九）－昭和三八年（一九六三）。
・私立鉄道学校　明治三〇年（一八九七）－明治三四年（一九〇一）。岩倉高等学校の前身。
・東京工科学校　明治四四年（一九一一）－昭和二三年（一九四八）。日本工業大学の前身。
・東京植民貿易語学校　大正五年（一九一六）－大正一三年（一九二四）。
・東京保善商業学校　大正一二年（一九二三）－大正一三年（一九二四）。

・電機学校　明治四〇年（一九〇七）－大正元年（一九一二）。東京電機大学の前身。

錦町の北にある猿楽町には跡見学校の存在が確認できる。跡見学園の前身であり、明治八年（一八七五）この地で開校された。

上記のような教育施設の集積の原因を辿ってみると、幕末まで遡らなければならない。すなわち、開成学校の前身は幕府の洋学教育研究機関であった洋書調所であり、文久二年（一八六二）それまでの蕃書調所を改称し、さらに翌文久三年に組織を改組して開成所が成立した。この開成所は幕末維新の混乱で閉鎖されたが、明治政府によって接収され、明治二年一月、開成学校として再開された。初期の開成学校は教育機関というよりも政府機関の一部としての性格が濃厚であり、英語・フランス語・ドイツ語などによる洋学教育、翻訳はもとより書籍や新聞の出版の許認可業務をも併せもっていた。

同年七月、大学令発布によって開成学校は医学校とともに大学校に編入され、翌明治三年、湯島の昌平学校（大学本校）からみて南に位置するため、大学南校と呼ばれるようになる。医学校は同じ理由で大学東校と呼ばれた。しかし本校の昌平

学習院（神田錦町）

学校は開校以来漢学派と国学派の熾烈な主導権争いが泥沼化し、明治四年廃校に追い込まれる。これ以降、開成学校は独自の発展を遂げることになる。

核としての大学南校

フルベッキを初代校長に迎えた大学南校は明治三年から「貢進生」制度をスタートさせる。これは各藩から若干名の秀才を集めて洋学のエリート教育を行うもので、学生は藩からの助成金によって寄宿舎生活を行い、外国から招聘した外国人教師も学校隣接地に居を構えた。

明治四年七月の廃藩置県以降は財政基盤となっていた藩がなくなったので、競争原理にもとづき正則コース（外国人から学ぶエリートコースで、日本人から学ぶコースは変則コースと呼ばれた）へ入学する学生数を入学試験で選抜し、入学後も厳しい淘汰によって貢進生制度にかわる新たな英才教育が行われるようになった。

青雲の志を抱いた各地の若者はこの狭き門を突破すべく勉学に励んだが、そうした受験生のための予備校がこの近辺に数多く生まれた。そのなかで合格率の高さで名を馳せた学校として共立学校がある。共立学校は南校にほど近い神田相生橋（現・神田淡路町）に明治四年（一八七一）開設された。明治一一年（一八七八）、大学予備門の教師をしていた高橋是清が校長に就任してからは、大学予備門への受験校としての性格を強め、寄宿舎制のスパルタ教育によって多くの合格者を輩出した。高橋が校長に就任した翌年には、早くも大学予備門入学者定員四六六名のおよそ四分の一にあたる一一二名の合格者を出している。この共立学校は、現在西日暮里にある全国的な進学校として有名な開成学園（開成中学校・高等学校）の前身である。

先述の「明治東京全図」で英語学校や外国語学校の近傍をみると、複数の「訓蒙学校」や「訓蒙学舍」が確認できる。訓蒙学校は予備校というよりは、現在の補習塾にあたる施設で、大学南校の厳しい語学教育についていけない学生たちに対して放課後補習を施す施設であった。

このほかにも神田には数多くの塾が誕生し、『慶應義塾百年史』（慶應義塾、一九五八年）によると、共心義塾（明治五年、佐久間町）、壬申義塾（明治五年、独逸学、鈴木町）、龍門義塾（皇漢学・英学・独逸学、小川町）、明治義塾法律学校（前述、錦町二丁目）、有恒義塾（明治一八年、英文、中猿楽町）、興東義塾（明治一八年、独逸文、錦町一丁目）、立志義塾（明治一八年、錦町三丁目）、育英義塾（明治二〇年、英語、小川町）などの存在がわかる。

このように一ツ橋通町周辺の明治前半期の様子をうかがうと、明らかに大学南校をひとつの核として各種の教育機関が一定の密度をもって集積していたことがわかる。このことは文京区における教育施設の集積に至る前段階の状況として看過できない。

大学南校が東京帝国大学へと編入され、当地から姿を消した後の話題は本書の対談で触れられているのでここでは割愛するが、大学南校移転後も一ツ橋近辺には教育施設が引き続き分布していたのであり、学士会館や如水会館を生む素地は残されていた。

昌平学校の閉鎖と湯島

昌平黌（昌平坂学問所）を前身として明治二年の大学令で大学本校の位置づけが与えられた昌平学校は、学派の対立、内紛によって明治四年に廃校を余儀なくされる。しかしこの場所もまた大学南校とは異なるプロセスで教育施設集積地帯になっていった。大学南校が集積の「核」になったとすれば、湯島は昌平学校の「空白」によって集積を形成した、といえる。

昌平学校は閉鎖されたが、空いた土地には多くの教育機関が明治初期に相次いで成立する。日本最初の官立師範養成学校である東京師範学校（のちの高等師範学校）は明治五年に当地に誕生する。同じく東京女子師範学校（のちの東京女子高等師範学校）は明治六年の開設である。

また明治四年に設置された文部省博物局が翌年の明治五年三月、湯島聖堂を会場に行った、わが国初の博覧会は多くの観客を集めたが、当時の記録では「文部省博物館」と明記されており、事実上わが国最初の博物館とみなされている。同年、湯島聖堂の大講堂に江戸幕府以来の蔵書や文庫をおさめる書籍館《しょじゃくかん》が登場する。これは国立図書館のさきがけと位置づけられている。昌平学校の敷地は最終的には東京医科歯科大学のキャンパスに引き継がれることになるが、この地もまた本郷に先駆けた教育機関の集積地帯であった。

東京大学の三つ目の前身である医学校（大学東校）は、安政五年（一八五八）に神田お玉ヶ池（現・千代田区岩本町）に誕生した私設機関・種痘所を直接の源流としている。お玉ヶ池付近にも多くの蘭学者、儒者、漢学者が居住して各種の私塾が開かれており、千葉周作の道場玄武館や磯又右衛門の柔術道場などがあったという。ただしお玉ヶ池の範囲や文武の塾・道場の位置はよくわかっておらず、どの程度の教育施設が集まっていたのか明らかにしえない。

以上、概観してきたように文京区における教育施設の集積の前段階として、一ツ橋一帯の大学南校を核とした地域形成、昌平黌から継承されてきた湯島の学問のメッカとしての場所性が生んだ教育関連施設の誕生などを見逃してはならない。東京帝国大学の成立と文京区における教育集積は、次なる段階として理解することができ、駿河台付近の学校集積もこれらの流れのひとつとして捉えるべきであろう。

第2章
もし砲兵工廠が小石川になかったら

植物園
小石川區
陸軍省用地
傳通院
砲兵工廠
小石川指ヶ谷町
小石川戸崎町
小石川久堅町
小石川掃除町
小石川柳町
小石川表町
小石川金富町
小石川町
無量院

武器工場から野球場へ、そして……

樺山紘一×伊藤毅

伊藤　前回は旧本郷区を焦点にして「文京のまち」ということでお話をうかがいましたが、文京区にはもうひとつ旧小石川区があって、だいぶ性格の違う区であったわけです。文京区というのは、本郷台地、白山台地、小石川台地、小日向台地、目白台地、関口台地という六つの台地があり、そのあいだに谷が入っているわけですが、本郷台地、白山台地はわりと続いた感じの台地になっていて、そこでひとつ谷が入っていまして、その向こう側に小石川台地、小日向台地が広がっています。さらに音羽の谷が入って関口・目白台地に続くという形で、細かく地形が区切られているわけですけれども、今回は本郷台地から少し小石川台地のほうに寄った地区の話になるかと思います。

この地域の歴史でやはり一番大きな出来事というのは、東京砲兵工廠が小石川の水戸藩邸の跡にできたということです。その経緯だけ最初に簡単に整理しておきますと、江戸幕府は大砲製造所というのをすでにつくっていて、最初、関口にあって、関口の水を動力として使っていたのですが、明治元年には軍務官所属となって、そのまま東京関口製造所という名前に変わります。明治三年に兵部省の造兵司の管轄になって、いったん竹橋のほうに移るのですが、明治四年に水戸藩邸が接収されて、そこに砲兵工廠が設立されます。

結局、水戸藩邸を兵部省が手に入れたわけですが、当時の資料にその理由が書かれています。近傍にこれくらい大きな場所がないということと、交通の便がいいし、水道の利があると。要するに面積がある程度広くて、交通の便がよく、水の便もいいということで、ここを砲兵工廠の場所に選び、代わりに水戸藩には金三万両を払っています。

その後、ここに陸軍の工科学校が成立し、やがて十条や板橋には火薬製造所などもできましたので、明治一二年に全体を束ねて東京砲兵工廠が誕生することになります。これがしばらく稼働していたわけです。とくに日清・日露戦争では大活躍して、ここで武器をどんどん製造していたわけですが、工場はフル稼働していて、たくさんの工員が働いていたということがわかっています。大正一二年の関東大震災でかなり壊滅的な打撃を受けて、昭和六年から九州の小倉に移転し始め、昭和一〇年に砲兵工廠はなくなってしまいます。その後の昭和一一年にこの跡地は後楽園スタヂアムに売却されて現在の後楽園になっているという、とてもダイナミックな歴史を経ているわけです。まず砲兵工廠がここにできたということを含めて先生からコメントをいただきたいと思います。

樺山　私は昭和一六年に旧小石川区で生まれたものですから、そのときはすでにそこは後楽園スタヂアムになっていたそうです。近所の人たちと話をしていても、ここが砲兵工廠だったということをほとんど話題にしたことがないようです。小倉に移ってしまったら、あとは後楽園スタヂアムになったという、その後のほうの経緯について皆さんいろいろ鮮明な記憶をおもちのようだけれども、砲兵工廠自体の記憶はもう本当に薄れたようですね。私もこの話をいただくまではけろっと忘れていまして、そう言われればそうだったんだなというほど、記憶、もしくは記録も含めて痕跡が薄くなっているということです。今、もちろんこの周辺を見たって、あるいはドームの周辺を見たって、かつて武器工場だったなんていうことはもうほとんど見えませんが、でもちょっと探してみるとあのドームの周辺でもほんのわずかに痕跡が残っているようです。あのレンガ壁ですとか、今の礫川公園の慰霊施設［東京都戦没者霊苑］が建っているあそこの周辺に少し残っているという話ですが。ただ小石川から春日にかけてはもうほとんど痕跡はないですものね。

伊藤　そうですね。後楽園のなかに入ると一応ここに東京砲兵工廠があったという碑が残っているだけですよね。何か射撃をやった場所が残っているということですが。

樺山　そうですってね。大砲ではなくて、歩兵用の小銃がメインの製造品だったということがあります。差し当たりは当時の一九世紀後半の戦術・戦略に対応した武器製造だったんでしょうね。大砲はもうこんなところではつくれませんから。でもちょうどその直後に日清および日露戦争があって、小銃がたいへん活躍し、そのあと第一次世界大戦の頃に三八銃▼が登場するわけですね。その意味では一九世紀から二〇世紀にかけての戦略・戦術に対応した武器工場だっ

▼三八式歩兵銃。大日本帝国陸軍が開発・採用した小銃。

たんでしょうね。

伊藤　そこが武器工場だったという記憶がどうしてきれいさっぱり消えてしまったのでしょうかね。砲兵工廠はかなり閉じた世界だったのでしょうか。

樺山　周りから見えなかったということと、そのあとにできた後楽園スタヂアムおよびその周辺の施設があまりに印象が強烈だったので、過去の記憶が急速に失われたんだと思いますね。

周辺にはもう武器工場の痕跡はないけれども、なぜかおもしろいことに、三八銃という武器の代わりに、今の後楽園スタヂアム周辺に武道もしくはスポーツ用品店がたくさん立地したんですね。水道橋の角《かど》っこから今の春日交差点のところに至るまで、剣道具、柔道着の小売店・専門店が、われわれが子供の頃にはずいぶんありました。その武道具と武器とは微妙な関係があって、どことなく引き継いだんじゃないかなという気もしなくはない。柔道の講道館は今は春日の角っこにありますが、その前は水道橋の角っこで、もうひとつ前は今の講道館の春日通りを隔てた反対側にあったそうです。

伊藤　そのあと警察がこの地に入ってきましたので、警察とも関係あるかもしれませんね。

樺山　そうかもしれませんよね。剣道、柔道、これは三八銃とはずいぶん違うけれども、でもどことなく勇ましいものがあって、戦争の代わりにスポーツになった。この土地にはその次には野球がやってきます。砲兵工廠の代わりに野球スタジアムが来るというのは、不思議な因縁を感じますね。そもそも野球には軍事用語が多いですよね。巨人軍とか先攻・後攻とか、一塁・二塁とか遊撃とか、野球も武道コンセプトを引き継いだことは間違いないですね。ちなみにあそこはかつては競輪場でもあった。今のドーム球場の下は競輪のピストになっているそうです。今は封鎖されたかたちになっていますけれども。

伊藤　ここに砲兵工廠ができて、『文京区史』によると当初は小石川区に全然外国人はいなかったのですが、次第に外国人が居住し始めることになり、ベルギー人やフランス人が造兵司のなかに住み始めたことがわかります。これは住むというよりは寄宿している外国人といってよく、フランス人がほとんどで、彼らは御雇外国人として来ています。今まで見たことのない外国人がこの地にやってきたということがひとつ大きな変化としてあったことが指摘されています。

樺山　啓蒙主義者で同人社を開いた中村正直▼は幾人か外国人を直接使っていますけれども。その同人社は、昔、現在の印刷博物館の隣りにあったんです。江戸川町一七番地、今の水道一丁目くらいに相当するところ。このあたり神田川を越えて向こう側の新宿区もあわせて欧米系の外国人居住者は多かったんだと思いますね。

伊藤　だんだん外国人は増えていったわけですね。

樺山　ええ。神楽坂までずっと外国人がいた。今でもずいぶん住んでいますけどね。

伊藤　今でも外国人があの辺に住んでいるのはその頃からかもしれませんね。本郷は東大ができたということも関係するかもしれませんが。

▼（一八三二―一八九一）啓蒙思想家、教育者。東京大学文学部教授、女子高等師範学校長を歴任。号は敬宇。

樺山　軍事施設というよりも、むしろ軍事も含めた御雇外国人の居住地として開発されたということもありますよね。

伊藤　少し話はとびますが、明治三三年段階の東京砲兵工廠の経営内容を示した表によると、職工の人数が数えられていて、小銃製造所が三三六二人、銃砲製造所が一九一八人、砲具製造所は二一六三人が男で、銃砲製造所には女性が二九五名も働いていた。また男・職工・年齢というものをみると、最高齢が七〇歳ですから、これは確実に幕府の頃からやっていたベテラン技術者がいたのではないかと思います。かなりの職工が働いていましたから、このなかだけではたぶん住めないので、砲兵工廠の周辺にもここで働く職工さんもいたのではないかという気がしますから、多少そういう居住の変化もありますね。

樺山　そうですね。今の地名でいうと春日の一丁目二丁目くらいはそうだったでしょうね。水戸藩からこれだけの土地を割譲したわけだけれども、後楽園の庭園部分だけはさすがに割くことができなかったから。

伊藤　幕末から明治の初期の武家屋敷の荒廃ぶりというのもたいへんなもので、本当に荒れ果てていて、塀が破れ灯籠が盗まれたり、そういう状態だったようです。水戸藩邸もかなり荒れていたようですが、やはり名園が残っていて、ここに砲兵工廠をつくるときに、当時陸軍相だった山縣有朋がこの名園を残すべきだと言ったらしいんですね。だから初めての史跡保存みたいなかたちになった。でしたので、そのように荒廃していて、しかも武器工場をつくったが、そのなかでも後楽園の庭園だけは残す。とてもブラックユーモアだけれども、山縣が庭園を残そうと進言したことが重要です。その辺も歴史の不思議な因縁ですね。

樺山　いずれにしても、近代都市のなかで比較的都心部分に近いところに武器工場をもっているというのは驚きですね。陸軍の演習地は青山練兵場だったけれども。青山辺は今でこそ、あいう繁華な土地になったけれども、明治初年にはほとんど野原だったわけです。むしろ小石川のほうが旧江戸城にも近いし、交通の便も悪くはない。しかもここから、中山道へは今の白山上からすぐに行ける。当時の重要な幹線交通路だった中山道は北から来ると白山上のところで股二つに分かれていて、今の白山通りに下りてくるほうと、本道として本郷に向かうものと。今の白山通りに入るほうは、参勤交代の通行路なんですよね。白山の坂を下りたところで、幕府は遣いを出して中山道から下りてきた参勤交代を迎える。その謁見する場所が白山御殿▼だったといいます。

伊藤　この場所は、やはり徳川綱吉のときのいろんな痕跡が多く残っていますよね。

樺山　御薬園《おやくえん》［現・小石川植物園］もそうですし、伝通院もそうです。白山御殿から江戸城の坂下門まで三キロメートルほどで、今でも普通に歩けますけれども、あの三キロだけは参勤交代にとっては最後の花道ですから、そこは厳粛に「下に、下に」をやったと思いますね。そこに行くまでは儀式的行進をやっていなかったんでしょう。だってあんなのを国元から何百キロもやってくるわけがない。ともあれ交通の要衝で江戸城に密接につながっている。それは今の国

▼小石川植物園の敷地にあった館林藩下屋敷。藩主松平徳松（のちの徳川綱吉）の居邸だった。貞享元年（一六八四）に敷地の一部が薬園となり、「小石川御薬園」と呼ばれるようになった。

道246号、つまり大山街道だとか、あるいは甲州街道とはちょっと違うなという感じがするんですね。

伊藤　砲兵工廠ができたあと、板橋や王子に火薬製造所ができましたが、これにも一連のつながりがありますよね。

樺山　ありますね。王子や滝野川は第二次世界大戦までは軍用関連施設がずいぶん立地していたはずですよね。だから戦中はかなりきつい空襲を受けて、戦後はずいぶん長いあいだ荒れていましたよね。何も建たない焼け跡が今の滝野川から王子にかけて広がっていました。戦後のごく短期間、そこに住んだことがあります。

伊藤　今の話にあったように徳川幕府の終わりのときから道がつながっていたと。それで砲兵工廠は日清・日露を経て関東大震災で壊滅的な打撃を受けて九州小倉に移ってしまうわけですが、そこに砲兵工廠があったことによって少し周りが活性化したこともありまして、とくに職工さんたちがたくさん働いていたわけですし、明治の末になると市区改正で白山通りや春日通りなどの主要な道路が開通するということもあって、職工さんがそこを通って巣鴨やその周辺から歩いて通勤してきます。そうすると途中でちょっとお酒を飲む場所が必要だとなって、それが銘酒屋であり、矢場《やば》と呼ばれる一杯飲み屋です。そこは表向きは一杯飲み屋なのですが、実は私娼を抱えているような場所だったりして、そういう場所ができてくる。

樺山　それは大正よりもたぶん明治末年くらいでしょうね。東京は当時、市電ですけど、一番は浅草から上野、銀座を通って品川までというやつですが、二番は白山通りを三田まで。かならずしも二番目に古いというわけではないようですが、でも古くて由緒ある路線でした。

伊藤　市電を使って通勤していた人もずいぶんいたんですかね。

樺山　たぶんね。南北を三田までつないでいるわけだから、今の都営地下鉄三田線とぴったり一致している。

伊藤　なるほど。今、われわれはちょうど旧白山花街の町屋▼を会場にして対談をしていますけど、だんだん盛り場的なまちが周りにできてきて、ちょっと職工さんがいっぱい飲んで帰るような場所もこのあたりに次第にできてくるということなんですね。

樺山　まあ砲兵工廠で働いていた職工さんたちが、今の白山でもって盛んに飲んだり花街に行ったとは思えないけれども。先ほど最初に出ましたように、その谷と、それからもうひとつ西側の隣の谷が、今は礫川《れきせん》（小石川）といっている千川ですけども、千川のほうが川としては白山の谷よりも流れが多かったそうです。白山の谷は北上するとすぐに寸詰まりになってしまうけれども、千川は大塚駅からさらにずっと遡っていますよね。その千川が、共同印刷をはじめとして印刷工場の拠点になったわけですよね。

勝田　今回のお話は、文京区の「武」の側面でしたね。「文京」だけではなく「武京」でもあったという。

▼この対談は、元料亭で現在は撮影スタジオなどに利用されている「花みち」で行った。

印刷製本業

伊藤　印刷工場の話が出ましたので、次に二番目の話題に移りましょう。これから紙すきから印刷・製本業の発展という話題に移りたいと思いますが、一八世紀中頃の宝暦年間くらいから、音羽、関口を中心として、紙すき業が始まるというふうに言われています。これは音羽の谷の水を使ったということで、弦巻川と、東清流下水というのでしょうか、東清流町という町があったそうなのですが、これは弦巻川が音羽通りの西側にあたるのに対し、東清流下水はその東側に相当します。通りの両側に流れる川で、目白台地と小日向台地のあいだの谷を流れていました。この水を使って紙すきをやったそうです。天保年間に一番盛んになって、これはとくに信州の飯田からやってきた人がここで水引▼とか目結《めゆい》▼とかをもたらして、それがかなり盛んにつくられるようになったということです。

樺山　神田川はかつては江戸川といった。今はコンクリートのなかを流れている川だけれども、それでもずいぶんと水量が増えて荒れたりしますよね。江戸川橋から西へ行くと早稲田を抜けて高田馬場からずっと石神井まで上がっていく。音羽の谷と神田川が合流するところが今の江戸川橋の交差点ですよね。江戸川橋の合流地点に向けて、音羽の谷は今の椿山荘に上がっていく道を見送ったあと、今の講談社や護国寺のほうに行く。これらの谷が江戸川橋で一緒になるという場所だったわけです。このあたりは天保年間から紙すきの名所と言われていたというこ

▼祝儀などに用いられる贈答品の包み紙などにかける飾り紐。
▼纐纈染めのこと。

とです。

伊藤　明治の初年は大名屋敷が荒廃して、桑茶栽培が政府から奨励されたことはよく知られています。飯田の今村市蔵という人が、ここに楮《こうぞ》を植えたらどうかと奨励して紙の生産を進めたということも記録に残っていますが、ただこれはあまり成功しなかったようです。

樺山　水車がかかっていたらしいですね。

伊藤　ええ。そういう経緯があって、流れは一貫しているようには一見、見えるのですが、別に明治三一年に博文館の印刷所が小石川にでき、これが成美堂と合併して共同印刷が誕生するのが大正一四年です。明治四二年には音羽に講談社の前身の大日本雄弁会ができる。その近くには、日本書籍、東京書籍という教科書会社ができ、凸版印刷の小石川工場も明治四一年にできるということで、明治の末くらいから大正にかけて一挙にここが印刷・製本の中心の地区として発達していくわけですけど、ここはぜひ先生にこのあたりのプロセスをお聞かせいただければと思います。

樺山　なぜここに立地したかというのはいろんな議論が行われているそうですけれども、ひとつは製紙にはどうしても用水が必要ですから。ここでいうと一番、二番、三番、みんな用水を供給する川ですけれども、たいした広さではないですよね。四番の川は僕が子供の頃にはまだ完全には暗渠になっていなかったところで憶えていますけれども、一、二、三は憶えがないんですね。でも話を聞いてみると、ほんの小さい川だけれどもその代わりにしょっちゅう氾濫していて汚かったと言っていますね。ただ、紙の場合にはもちろん用水が必要ですけれども、それ以外に運搬用水路が必要だからここになったんだと言うけれども、これはとても舟運には向かないかもしれない。それほどの流量のある川ではなかったからでしょう。ただ神田川（江戸川）だけは舟運が盛んでしたので、ここまで資材を持ち上げるのと、製品を下ろすのと、両方に十分に利用できただろうということだと思いますよね。いずれにしても、現在の共同印刷、旧・博文館印刷所もそうですし、講談社のあの周辺も、製紙工場というと大袈裟だけども、製紙場があったという話ですね。

伊藤　講談社はなぜここを選んだんですかね。一橋グループという小学館とか集英社とかあるところと二つに分かれていますね。

樺山　音羽グループといってね。光文社も含めて音羽グループになりましたけれども、おそらく最初は製紙とかかわりがあったのでしょう。凸版印刷の工場はもう少し下流で大曲《おおまがり》の角っこです。神田川の流路が直角に曲がっているところが大曲ですけども。舟運ということもあるし、やはりそれ以前にこの辺にごく小さな零細の製紙場があったことの延長で、印刷業がこの場所にできたのでしょう。大日本印刷（秀英社）も新宿区ではあるけれども、神田川から遠くない。資材や産品を集積しやすかったことは間違いないですよね。

伊藤　こうしていろんな出版社や、あるいは大きな製紙工場ができてくることによって、印刷業というのはすごくたくさんの下請けが必要になるんですよね。しかも紙を売ったり、製本から、本当にたくさんの仕事があって、それで一挙にこのあたり一帯がそういう印刷・製本業の下請け会社が集中する場所として展開して、まさにこの白山近くも本当にそういう場所で、フォークリフトがまだ動いている。

樺山　フォークリフトとパレットは一九六〇年代に実用化されましたが、それ以前は材料や製品を運搬するのはたいへんだよね。博文館の印刷所が出来た頃、一八九八年頃かと思うのだけれども、その頃から急速に下請けを含めた中小零細の印刷所の集積が始まったんだと言われていますね。

伊藤　講談社は関東大震災のときに出した『大正大震災大火災』という本がものすごく売れて、それは驚異的な売れ方だったようで、それで出版業というのはものすごく儲かるものというふうに震災後にはなったようなんですね。

樺山　講談社の場合は震災本と、それから雑誌『キング』▼ですよね。『キング』は確か創刊が大正一三年ですか。出して短期間のあいだにミリオンセラーになりますから、一〇〇万部に届きますので、すごいですよね。その前は博文館の明治二八年創刊の『太陽』▼だったわけですけれども、『太陽』でも一〇万部を超えるくらいまでいったことがあるそうです。いわゆる総合雑誌といわれるもののコンセプトをつくったのは『太陽』です。でもそれはやはり明治期の総合雑誌だから、ちょっと直球を投げるというか、硬派な雑誌という性格を残していた。それが三〇年ほど経って講談社が『キング』を出したときには、もう同じ総合誌でも文学から将棋・

▼大日本雄辯會講談社（現・講談社）が発行した大衆娯楽雑誌。一九二四年創刊、一九五七年廃刊。

▼博文館が発行した日本初の総合雑誌。一八九五年から一九二八年まで刊行。

囲碁にいたるまで何から何まで収録したわけです。言うならば総合雑誌から大衆雑誌という移行だったと思うんだけど、その博文館と講談社のわずかのあいだに世の中が変わったんですね。

伊藤　それで一挙にメディアとしては出版というものが大きく中心を占めるようになった。

樺山　それが明治末年と昭和初年のあいだ、前後合わせた二五年くらいのあいだで、文字通り大正デモクラシーとともにそういう新しい動きへ収束していったことになりますよね。

伊藤　残念なことに今や出版業はだんだん下降しつつあるようですが、このときの盛り上がりたるやたいへんなものだったといいます。

樺山　出版および出版関連の印刷会社が立地したということもあるけれども、そのことが地域社会の形成にもいろんなインパクトを与えたわけですよね。砲兵工廠の職工さんが今でいう春日通りの周辺に集結したのと同じように、印刷の職工さんたちが神田川や小石川の周辺に、今の白山、千石、春日の周辺に集まり住んだ。『太陽のない街』▼（昭和四年）に出てくるような、職業・居住世界がそのときにできあがっていったわけですよね。

伊藤　ある意味で新しい庶民文化みたいなものが開花してきて、先ほどの話に戻りますが、今われわれがいる白山地域、たとえば指ケ谷《さしがや》では、銘酒屋が何軒もできます。地元のリーダーで秋本鉄五郎という人物がいまして、とくに地主でも何でもないのですが、この人がリードして明治の末くらいから三業地▼の誘致に乗り出すんですね。結局、白山の三業地は大正元年にスタートする。白山一丁目はもう明らかにある種そういう職工さんたちも含めた庶民文化が栄え

▼徳永直の小説。一九二九年発表。共同印刷の労働争議を題材としたいわゆるプロレタリア文学の代表的作品。

▼いわゆる花街。①置屋（芸者を抱えている店）、②料理屋（仕出し屋）、③待合（客と芸者に席を貸して遊興させる所）の三業を営む。

てきて、だんだん盛り上がってきた場所です。このように見ていくと、東京砲兵工廠からいろんなものがつながって、印刷関連業、白山三業地に至るまで多様な要素が織り込まれているというふうに見えなくもない。

樺山　そういうことだと思いますね。ただ、職工さんが比較的安手の遊楽を楽しむことができる場所だったのと同時に、かなりお金持ちというか、現金をもった中小の印刷所経営者がいたわけだよね。この人たちが三業地に通い込んだと。

伊藤　そうなんですね。職工さん、労働者のなかでも基本的に印刷業のほうが給料がよかったらしいですね。日雇いとかよりも全然よくて、わりあい小金をもっていたというか、労働者のなかではわりあい賃金がよかったといいます。

樺山　そうだね。キャッシュをもっていたわけだよね。

伊藤　だからそういう人たちが白山三業地に来たんじゃないかと。もちろん商店主が来るということもあったでしょうけども。

樺山　だいたい職工さんたちは職住接近ですから、ごく近くに住んでいて、この三業地を通って帰ったか、そこに入り浸ったかしたわけだ。谷の脇に丘がありますけれども、丘にはだいぶんお金をもった工場経営者が住んでいて、そもそも博文館の大橋さんが住んだのは反対側の丘の上です。今でも大きなお宅が残っていますけれども、『太陽のない街』で、「日が昇る向こう側の丘」と言っているのは大橋家のことを言っているんですね。戦争であそこは焼けなかった。

この辺も虫食いで焼けましたが、運よく残ったところもあります。私のところも戦争で焼けましたが。その周辺は、大橋家のような大邸宅はもとよりなんだけれども、出版社、あるいは編集者の比較的中位の人たちがわりとその辺に集住したといいます。実は私の母方の先祖も出版社です。明治二五年だか二六年だかに田舎から出てきまして、この丘の上に土地を買った。そのときはまだ竹林でもう家を建てるのに往生したんだという話です。その近辺に編集者、あるいは出版社の人たちがいて、中央公論社の嶋中家もやはりそこだったそうです。

伊藤　なるほど。何か台地と谷の下というのはあまりつながっていないように思っていましたけれども、そういうかたちでつながっていたんですね。

樺山　何となく階層差もあったし、行動様式も違っていたとは思うけれども、産業上はつながっていたと。

伊藤　それは初めて聞きました。ジャーナリストとか、わりあいそういう新しい知的階級がだんだん集まり住むようになってきたわけですね。それは東京でも新しい現象です。

樺山　そういうことですよね。営業地の京橋、日本橋、神田に住んだわけではなくて、やっぱり少し北方に的を外してお住まいだった。でもその分だけもちろん広大な不動産を手にすることができるわけですから、大橋家みたいにね。

伊藤　先見の明があったということですね。

樺山　そうなんでしょうね。たとえば講談社の野間さんも、講談社自体はあの音羽の谷に今でも大きなビルが建っていますけれども、野間さんのお宅はその丘の上ですから、今の椿山荘の周辺、すごい土地をおもちですよね。熊本の殿様の細川さんはその隣りで、山縣家だとか、後の田中角栄家まで含めて、あっちはずっとみんな丘の上のほうですけどね。

伊藤　音羽の鳩山御殿は?

樺山　そうですね。講談社のちょうど反対側の丘上ですね。

森田　神田錦町あたりに出版社や印刷会社がたくさんありましたが、あそこで発達してきた出版業とこちらでは何か違いがあるのでしょうか。

樺山　推測なんだけれども、あの神田の今の岩波書店や小学館のあるところも含めて、一ツ橋地区はやはり千代田区の前身の旧神田区の一環ですから、京橋や日本橋の延長なんだと思います。日本橋と神田というのは隣りです。そちらのつながりでもってできたので、砲兵工廠およびその後できた小石川や音羽とはおそらく経緯が違うんだと思います。神田側、あるいは日本橋側のほうが老舗ですよね。小石川区のほうはそれ以降、一八九〇年代からですから、だからあえて言えば当時としては新興だったんだろう。ただ関東大震災で両方ともずいぶんやられた。とはいえ、こちら小石川側は関東大震災のインパクトは比較的少なくて済みました。白山はほとんど我が家も含めて被害がなかったと聞いています。でも下町のほう、つまり京橋、日本橋もずいぶんやられましたから。これで焼けだされて、小石川区へ移転したものも多い。

森田　けっこう近いところにありながら、そういう二つの印刷・出版のコアがあったわけですね。

樺山　そうですね。京橋、日本橋はやっぱり先行していました。それが明治の初年に日本橋から京橋へ重点移動したというんですよ。正確には京橋というよりは京橋区で、築地とかも含めてですね。日本橋はそれ以前から今の金融街まで含めて江戸時代以来の経済的な中核地帯でしたが、印刷・出版については京橋に重点移動して築地まで広がっていった。他方、京橋から神田へ、あるいは今の神保町も含めた新領域へ広がったのは、銀座へ広がっていったのとは別の方向だったという、たぶんそういうふうな説明になるのだと思います。

森田　学校が多かったということと関係はないのですか。

樺山　その件については最近、鹿島茂氏が書いていますけれども（『神田神保町書肆街考』筑摩書房）、もちろん神田から小石川にかけて学校が多かったということはあります。とくに今の駿河台下を中心とした半径五〇〇メートルくらいは、大小の学校が次々とできますよね。明治も、中央も、専修も、のちの大学はあの周辺から出ます。出版社だけではなくて、本の小売店、今の神保町書店街もそれの一環でできあがったわけですが、今の文京区のほうには情けないほど不在です。それはやはり本をつくるほうはこちらでも、本を買う人はここにいないから。

そもそもこの土地はといえば、周辺は花街ですから、この花街は戦争でずいぶん焼けたんですけども、虫食い状に焼け残りました。私は子供時代にこの辺は遊び場ではあったのだけれども、古くからの商家や住宅がいくつもありました。検番▼がありましたものね。木造三階建てだったと思うんだけど。はっきりとした記憶はないけれども、そこから脇道に入るほとんど路

▼芸者の仲介や決済業務をおこなうところ。

地とも言えるようなところからは、ときどきまだ三味線が聞こえていました。

伊藤　私たちの研究室で二〇〇八年に『地域の空間と持続――東京白山・丸山福山町地区を素材として』と題した報告書を出しました。この一帯を調べまして、今対談をしている「花みち」も、田川さんというお宅だったんですけど、もともとは待合の建物で、もう一軒待合の建物が残っていたのでそれも調査させていただきました。ここには三業地の建築が一部残っているのと、あと印刷・製本の建物が少し残っている。あと長屋がけっこう残っていまして、その長屋の二階に芸者さんが住んでいて、そこから三味線が聞こえてくるというようなこともありました。

樺山　三味線のお師匠さんが住んでいたりね。何かその話は聞いたことがある。けっこう、その三味線のおねえさんは、三業地だけではなくて、この周辺まで出張して商売しておられたという。それからこの周辺ではないけれども、西片町側の丘では中山道が通っていますでしょう。この中山道の両側には二つ三つまだ戦後は芝居小屋がありました。戦後になってもちろん焼けたのを建て直したものも含めてだと思うけれども。どんな芝居をやっていたかというのは子供の頃だからわからないですが、たぶん新国劇風の娯楽演劇だと思いますけど。三業だけではなくて、いろいろの娯楽、芝居だとか、その他、もう少し下品な遊興場に至るまでおそらくあったんでしょうね。

伊藤　明治の初年に新しく開発された場所を新開町というふうにいいましたけれども、必ずそここには娯楽施設があるんですよね。それじゃないとまちにならないということなんですよね。だから必ず劇場とか、神田三崎町にも川上音二郎の川上座がありましたしね。

樺山　ええ。川上音二郎の碑が建っていましたけどね。

伊藤　あそこも確か岩崎家が陸軍から払い下げられた土地を買い取ってつくったまちですが、そこには必ず劇場もつくった。だからこういう自然形成的にまちができてくると、それがやがて必要になってくるということなんですね。

樺山　そういうことですよね。で、白山は谷にあまりお寺がないんですよ。その代わり、丘の上にはかなり江戸時代から寺が移されてきたということがありますけど。神社は白山神社が小石川側にありますが、次の神社は本郷の根津までないんですね。

伊藤　有名な神社はあるけれども、数としては少ないですね。寺社門前というとけっこう盛り場化することがよくありますけども、あまりそれがないということなんですよね。

砲兵工廠から後楽園スタヂアムへ（明治期を中心に）

初田香成

菊坂下の老舗

文京区内を歩いていると、しばしば明治時代に開業したという老舗の存在に気づく。たとえば本郷三丁目の交差点から北西にのびる菊坂を下りた交差点付近はこのような店が集中する一角である。創業明治一〇年（一八七七）という甘味処のゑちごや、創業明治二〇年という石井いり豆店（図1）などがある。なお、石井いり豆店の向かいには創業八五年という豆腐屋さんがあったが、残念ながら二〇一四年に閉店してしまった。また、近くには旧伊勢屋質店だった建物も存在する。伊勢屋質店は万延元年（一八六〇）に創業し、明治二三年から二六年にかけて付近に住んだ樋口一葉も通っていた。

江戸時代、周囲の台地上の高台には大名屋敷や寺院が存在したのに対し、菊坂下のような低地には中下級武家地が広がり、一部に町人地も存在した。明治維新後、武士が国元に帰るなどして、屋敷の主を失った武家地は水田や桑畑となるなどかつての社会は解体していく。一方、明治中期以降に人口は増加に転じ、付近は再び市街地化していく。冒頭の老舗はこの時期に進出してきたものと言えそうだ。

再市街地化の背景には、現在の東京ドームや遊園地の敷地に存在した東京砲兵工廠（時期により名称が異なるが、以下、本稿では「東京砲兵工廠」に統一する）と、区内に引かれた路面電車の存在があった。この場所に同工廠が置かれたのは旧水戸藩上屋敷が明治四年に陸軍用地として接収されたのを起源とし、昭和六年（一九三一）から一〇年にかけて移転するまで兵器を生産し

図１　石井いり豆店（筆者撮影）

た。また、路面電車は明治末年以降、区内を縦横に結んでいく。本稿では小石川のなかでもとくに台地に挟まれた低地部分について、東京砲兵工廠と周囲との関係を軸に、明治時代を中心に歩みを振り返ることにしたい。

砲兵工廠の設置と労働者

兵部省が旧水戸藩上屋敷の接収直前に政府に提出した書類は、選定理由として水の便の良さ、具体的には神田上水が通り、水運、水力に恵まれている点を挙げている。多くの大名屋敷が高台に設けられるなか水戸藩上屋敷は低地に位置し、その中央を神田上水が流れていた。現在も残る後楽園の庭園はこの神田上水の水を取り入れたものである。大名屋敷の多くが明治維新後に軍用地として転用されたことは知られているが、水戸藩邸はその立地ゆえに練兵場や駐屯地ではなく、兵器製造工場の場所に選ばれたのだった。以後、同地には明治八年に砲兵第一方面内砲兵本廠が、明治一二年には東京砲兵工廠（図2）が置かれ、主として小砲を生産していく。その職工数は明治三〇年代には一万人を超え、官営工場のなかでも最多を誇るようになる。

砲兵工廠と労働者の存在は周囲の環境も変えていく。彼らは路面電車が敷設されるまで主として近隣から徒歩で通っていた。次の引用は明治三〇年代頃と思われる東京砲兵工廠への通勤風景の証言である（文中では労働者数は二万人と記されている）。

「職工さんは青い服のナッパを着て、丸く上が角張った帽子をかぶって通勤した。板橋、巣鴨

図2　東京砲兵工廠

方面から朝六時ごろには二万人くらいの職工さんたちがゾロゾロと人のあとに続いたものだった」（『白山三業沿革史』）。

労働者の人波は周囲の町に賑わいをもたらした。たとえば後楽園の西側、牛天神下付近の旧諏訪町にはかつて砲兵工廠の出入り口が存在し、日夜出入りする職工でめし屋や商店が朝晩繁昌したという。

ここで興味深いのが、建築史家の鈴木博之▼により明治時代の中小地主、貸家経営者として紹介された大崎辰五郎の存在である。大崎は天保一〇年（一八三九）に生まれ、さまざまな職を転々とした後、明治一〇年代末から貸家経営に手を染め、多数の土地と貸家を所有していく。『大崎辰五郎自伝』を読むと、実は彼が明治八年から二五年まで東京砲兵工廠で職人

▼（一九四五－二〇一四）東京大学教授、ハーバード大学客員教授などを務める。著書『日本の〈地霊〉』『庭師 小川治兵衛とその時代』など。

図3　西丸町百間長屋

として働いていたことがわかる。彼はこのときに貯めた賃金を元手に貸家経営に乗り出していくのである。『東京名所図会』は旧小石川西丸町に百間長屋と呼ばれる、大崎所有の長屋があったことを記載している（図3）。百間長屋は「貧民窟」として知られ、棟割長屋で一七棟、計二〇四戸が存在したという。大崎のような人々により貸家が建設され、周囲の再市街地化が進んでいった様子がうかがえる。

市区改正事業と路面電車の敷設

周囲の再市街地化をさらに促進したのが、市区改正事業と路面電車の敷設だった。東京砲兵工廠により、いわば核ができた小石川区は、そこを中心にのびる交通網を構築することでさらに発展していく。

市電の敷設は明治時代後半の市区改正事業により道路が拡幅されたことにより可能となった。江戸時代の道路網が尾根道を中心とし、本郷三丁目から白山上を経て巣鴨に至る中山道（現・本郷通り）と、伝通院から大塚に通じる道（現・春日通りの一部）を二大幹線としていたのに対し、市区改正事業により水道橋から白山上に通じる低地の道路（現・白山通り）と、本郷三丁目から春日まで高台と低地を結び、それ以前からの伝通院から大塚に向かう道（現・春日通り）が接続された。いずれも砲兵工廠前を通るものであり、その上に明治四〇年代に路面電車が整備されて水道橋から巣鴨と、春日町から大塚までを結んだ。『文京区史　巻四』が述べるように、文京区内には国鉄（現・JR東日本）は乗り入れておらず、唯一の交通手段が路面電車であり、それとともに発展してきたのだった。

ここで紹介したいのが明治三二年一〇月二八日に小石川区会が採択した「線路増加及び市設を望む請願書」である。同請願書は路面電車の重要性、とくに小石川区のような「僻在ノ区」は交通整備による産業発展が重要と述べている。具体的には民間会社から提出された区内の路線計画に加え、初音町－植物園、音羽九丁目－高田老松の路線の追加を希望し、路面電車の市営化を望んでいる。

小石川区会が明確な交通構想をもっており、それを地域の産業開発と連動させようという意思がみてとれる。実際、明治四五年（一九一二）の地図をみると、隣接する牛込区内や本郷区内の東京大学前の本郷通りの路線など多くの路線が未設なのに対し、小石川区内の郊外に向かう路線の敷設率は高い。

小商業地の形成

冒頭の老舗に話を戻そう。聞き取りによれば、ゑちごやは、万延元年（一八六〇）生まれの農家出身のご先祖が越後高田から出てきて開業したという。また石井いり豆店は、やはり一八六二年頃生まれの農家の次男だったご先祖が練馬方面から出てきて開店したという。当時は落花生を売るのが最新の流行で、浅草で修行をしてから開業したそうだ。図4は同店が所蔵する写真で昭和戦前期に付近を写したものである。『小石川区史』が「明治後期に至って全市が発展膨張し、本区も同時に市街地に昇華したので、小商業地域が漸次区内の各処に形成され」たと述べているように、同様の比較的小さな商業集積はこの時期、多数形成された。これは菊坂下の北側に隣接する大名屋敷跡地で高台の西片が、お屋敷の並ぶ専用住宅街として発展したのとも同期しており、現在につながるような各地区の特性がこの時期に生み出されたのだった。

小商業地の形成のなかで、とくに特徴的だったのが指ヶ谷《さしや》に存在した銘酒屋街である。銘酒屋とは表向きには飲み屋を装いつつ、私娼を置いて買売春をさせた店である。当初、三軒、四軒と散在していたのが、日露戦争頃にはそれらが群集する区内一の盛り場と化したという。大正初年にこの場所に三業地を開設し、三業組合の初代社長となる秋本鉄五郎も明治中期にこの

図4　戦前の菊坂下付近（石井いり豆店提供）

場所にやってきた人物だった。安政四年（一八五七）に神奈川県藤沢で生まれた秋本鉄五郎は少壮で上京し、明治二九年頃に小石川に居住した。当初は東京砲兵工廠の職工を常連客として繁昌したという居酒屋を営業し、明治四〇年（一九〇七）には料理店「かね萬」を開業している。

　東京砲兵工廠の設置や内務省が主導したとされる市区改正事業など、国家的な都市基盤整備が進められた結果、新たな人口が流入することで小石川区の再市街地化が進んでいく。『小石川区史』も述べるように、「明治三五年以後は四二年を除く外、常に寄留者が本区人口の大部分を占めた」のだった。日露戦争後の工業化・商業化を経て、人口が増加した小石川区では、寄留者のうち比較的早くこの地に定着した者、本節で見てきた大崎や秋本のような人々が地域の有力者となっていく。そんな彼らの支持を受けていたと考えられるのが、市電敷設の請願書を採択した区会議員たちである。例えば請願採択の際に区会議長をつとめていた鳩山和夫は明治一五年（一八八二）に東京府会議員に当選し、同二三年に小石川区音羽町に転居、同二五年には東京府第九区から衆議院議員に選出されている。その長男、一郎は後に首相をつとめるなど鳩山家はこの地に政治基盤を築いていく。明治期には地域の有力者を票田として組織化するような議員が生まれ、官選だった東京市長や東京府知事に対し、徐々に発言力を増していく。地域の有力者から区会、市会、そして国会へと至る重層的な政治の構造が構築されていくのである。

東京砲兵工廠は大正一二年の関東大震災で大きな被害を受けて、昭和一〇年までに小倉に移転、六六年の歴史に幕を閉じる。昭和一一年には株式会社後楽園スタヂアムが設立され、大蔵省からの払い下げを受け、翌年九月に後楽園スタヂアムが開場している。同社の社史によれば、当時は忘れられた寂しい一画で、水道橋駅の下車客もほとんどは神田方面に向かっていたという。東京砲兵工廠の跡地は明治維新以来、再び荒廃が進んでおり、現在のような球場を核とした娯楽施設として再出発を切ることになるのである。

参考文献

東京大学大学院工学系研究科建築学専攻伊藤毅研究室『地域の空間と持続——東京白山・丸山福山地区を素材として』、東京大学21世紀COEプログラム「都市空間の持続再生学の創出」報告書、二〇〇八年
地下鉄7号線溜池・駒込間遺跡調査会『地下鉄7号線溜池・駒込間遺跡発掘調査報告書』帝都高速度交通営団、一九九六年
浪江洋二『白山三業沿革史』雄山閣出版、一九六一年
「座談会わが町後楽のむかしむかし」、後楽町会『わが町「後楽」　後楽町会創立35周年記念誌』一九九〇年
鈴木博之『見える都市／見えない都市　まちづくり・建築・モニュメント』岩波書店、一九九六年
「大崎辰五郎自伝」大崎辰五郎口述・林茂淳速記、林英夫『流民　近代民衆の記録四』新人物往来社、一九七一年所収
『東京名所図会　小石川区之部』睦書房、一九六九年、復刻
文京区役所『文京区史　巻四』文京区役所、一九六九年
東京都公文書館『都史資料集成　第3巻 東京市街鉄道』東京都、二〇〇一年
初田香成「白山　東京の三業地」、佐賀朝・吉田伸之『遊廓社会2　近世から近代へ』吉川弘文館、二〇一四年
鳩山春子『鳩山の一生　伝記・鳩山和夫』大空社、一九九七年、復刻
株式会社後楽園スタヂアム社史編纂委員会『後楽園の25年』株式会社後楽園スタヂアム、一九七三年

印刷製本業の発展と労働者住宅地（大正・昭和期を中心に）

初田香成

低湿地の開発

『小石川区史』や『文京区史』が指摘しているように、『御府内備考』は天正年中に家康が小日向辺に御成した際の様子を「此辺皆沼地多し」と述べている。また、「明暦江戸大絵図」（一六五七）は酒井日向守屋敷を神田川に注ぐ小石川の流路のなかに浮島のように描いている。岩淵令治によれば、明暦の大火後に小石川村の宅地化が進んだ際も、石高にして約六割が低地に存在し、それらは盛り土によって造成された可能性があるという。

低湿地の多さを示すように、明治期の小石川でも水田が多く見られた（図1）。明治一五年度の小石川区には水田が二〇・七町存在し、二位の本所区の一一・三町を大きく上回り市内一の面積を誇っていた。なお畑は一八一・二町であり、これも二位の赤坂区を大きく上回っている。『小石川区史』は「田畑共にその面積は市内各区中の首位を占め」「面積に於いて田畑が宅地を越えるのは市中ただ本区のみ」と述べている。

図１明治時代初頭の小石川（出典：陸軍迅速図東京府武蔵国小石川区小石川表町近傍）

旧小石川区の多くは台地上に位置するが、台地と台地のあいだには神田川や千川が流れ、多数の支谷が存在した。以上は旧小石川区の市街地化が低湿地の開発の歴史でもあったことを示している。本稿では前項に引き続き小石川の台地に挟まれた低地部分の歩みを、大正・昭和戦前期を中心に振り返ることにしたい。

印刷製本業の進出

小石川伝通院下の千川沿いの一帯はそんな低湿地のひとつだった。明治三一年（一八九八）、それまで銀座にあった博文館が、自家印刷工場として合資会社博進社工場（後の共同印刷株式会社）を千川沿いの小石川区久堅町に建設する（図2）。江戸時代には将軍家の鴨猟場だったとされるこの場所は、当時は千川にメダカが集まり、秋には埋め立て残りの池に鴨が群れ集うような人家もまばらな場所だった。昭和の初めに千川が暗渠となるまで、この場所では毎年雨季になると、一、二度出水したという（図3）。

博進社工場の進出はそれまで京橋・神田に集中していた印刷・製本業が、この場所に移転してくる嚆矢となった。戸数が圧倒的に多かった京橋、神田の印刷・製本業は関東大震災で大きな被害を受け、以後、小石川には中小の工場も含めて多数進出する。『文京区史　巻四』によれば、明治四二年（一九〇九）時点で、旧小石川区には印刷・製本業の工場（職工五人以上）は、前述の博進社工場がひとつ存在するだけだった。それが昭和三－四年の調査時点では同種の工

図２　創業時の博進社印刷工場模型

図３　共同印刷事務所前の洪水（大正14年10月1日）

場が印刷業で四四工場、製本業で三七工場を数えるに至る。このうち大正期に創業した工場は印刷業では二七工場、製本業では二四工場を占め、関東大震災後に設立されたものが多かった。とくに大正末から一冊一円の全集、いわゆる「円本ブーム」により共同印刷が発展を遂げ、それにともない下請け生産をつうじた中小工場のネットワークが形成されていった。聞き取り調査でもリヤカーでの製品の運搬作業は坂があると困難なため基本的に低地に限定されていたとの証言が得られた。

関東大震災と「不良住宅地区」の変遷

これらの工場に誘引されて付近に多く立地したのが「不良住宅地区」であった。東京市社会局で当時、調査に携わった草間八十雄▼の記録から、旧小石川区に関する記述を見てみよう。なおここでの「不良住宅地区」とは、湿地・窪地・袋地などに長屋が建ち並び、狭隘な通路、排水が不便、室数一－三室、畳数一－九畳、だいたい九円以下の家賃で、これが二〇戸以上集まる地域を指すとされている。

草間は関東大震災により市内の「不良住宅地区」の分布は大きく変容したと述べる。震災復興事業の行われた場所、具体的には日本橋、麴町、芝、神田、赤坂各区ではほとんどが消滅し、また本所、深川、下谷、浅草各区でも減少したのに対し、焼失を逃れた小石川、四谷区などはそのままだという。この結果、昭和六年後半時点で小石川区は最も「不良住宅地区」が多い区

▼（一八七五－一九四六）一九二〇－三〇年代に東京の下層社会、特に浮浪者、売春婦の実態調査を行った。

となっていた。

次に小石川区内での変遷を見てみよう。草間は明治初年から存在した主な地区として音羽町、戸崎町、指ヶ谷町、八千代町、西丸町を挙げる。このうち昭和六年時点で音羽町、戸崎町、指ヶ谷町、八千代町、氷川下町、小日向町では消滅するか縮小したのに対し、西丸町、白山御殿町、大塚仲町には依然として存在し、さらに西原町、竹早町、久堅町、柳町、初音町、大塚坂下町、第六天町が加わっている。路面電車の通る大通り沿いで減少する一方、区の外延部や大通り周辺の低地に移動していること、共同印刷の立地した久堅町が新たに加わっていることがわかる。なかでも旧市域五〇か所のうち最大のものが小石川の白山御殿町に存在し、それに次ぐものが西丸町に存在し、後者は通称「いろは長屋」と呼ばれていた。草間は白山御殿町の「不良住宅地」は日露戦争当時からできたもので、氷川田圃からの一帯に細民向きの住宅が並ぶようになったと述べている。これが徳永直が『太陽のない街』（一九二九）で描いた居住地であり、台地と台地のあいだの水田や湿地が埋め立てられ、「不良住宅地区」が形成されていく様子が示されている。

白山三業地の発展と町内会の編成

大正期に変化を遂げたもののひとつに、前項でもふれた銘酒屋街の跡に明治四五年（一九一二）に生まれた白山三業地がある。明治時代以来の盛り場として賑わっていた白山・指ヶ谷では、当地で料理屋を経営していた秋本鉄五郎が、地元の政治家や地主らの後押しを受けて、三業地指定の出願を行っていく。秋本が出願を行ったきっかけは直接的には自らの店に別の三業地から予約した芸妓が来なかったためと言われている。しかし、その背景には道路拡幅や市電の延長といった周辺の交通の要所化があり、この土地の発展を見越してのものだったと考えられる。

この白山三業地が好景気を迎えるのは、大正中期以降、とくに関東大震災以後のことである。被害をそれほど受けなかった白山三業地は周辺への急速な人口集中を背景に隆盛していく。小石川区では明治末から人口が急増し始め、とくに震災後の大正一三年に人口増加はピークに達する。

加藤政洋によれば、東京の三業地はそれまで近世の岡場所を起源とするところと、幕末・維新期の変動を受けて明治前期に形成されたところだけだったが、白山はそれ以外の場所として初めて三業地の指定を受けている。以後、郊外を中心に新興の三業地が指定されていくのであり、その際に白山三業地は自らの組織を株式会社化する組織改革を行い、そのシステムを麻布や大塚、駒込などに移植している。加藤も指摘するように、三業地が周辺市街地の都市化にあわせて花街を開設することで、土地開発を進める手法がある程度共通して行われたことを示すものである。

この時期、東京では人口増加をふまえて町内会の結成が相次いでおり、指ヶ谷でも大正一〇

図4　戦前の三業組合幹部の集合写真。前列中央が秋本鉄五郎

年（一九二二）に町会が結成されている。三業地を出願したメンバーは三業組合の役員におさまり（図4）、その後、秋本鉄五郎らが中心となって指ヶ谷町会を結成している。以後の町会役員を見ていくと、三業関係者は第二代、第三代会長を占めるなど常に幹部の位置を占め、さらに当初は大地主を、その後は自営業者層を幹部に組み込んでいたことがわかる。周辺の市街地化が進むなかで、三業地の有力者たちが三業地内だけでなく地域への影響力を強めていった様子がうかがえる。

前項で述べたように彼らは地域選出の国会議員である鳩山家とも結びついていく。たとえば秋本鉄五郎の養子で白山三業組合の第二代理事長をつとめた秋本平十郎は、後に首相となる鳩山一郎の選挙を生涯手伝い、旧小石川区の選挙で秋本が関与しないものはないと言われるほどだった。秋本自身も大正一四年（一九二五）には小石川区会議員に、昭和七年（一九三二）には東京府会議員に当選している。

これまでの江戸・東京に関する都市史研究では、郊外での私鉄資本などによる富裕層やホワイトカラー向けの計画的な郊外住宅地建設の試みについては、ある程度蓄積が進みつつある。しかし工場労働者などのブルーカラーが集中したスプロール型周辺市街地の開発過程はあまり明らかになっていない。本稿ではそのような観点から小石川の再市街地化とそれにともなう社会の再編成過程を見てきた。旧小石川区の低地は市街地に隣接していたために都心から工場が移転し、大正期以降に「不良住宅地」や三業地が発達していく。両者は単に周縁的な存在として郊外に追いやられたというよりは、印刷工場や町内会などを通じて周囲に新たなネットワークを形成するものだった。とくに白山三業地の有力者の活動からは、土地所有者とも異なる新興の都市商業者が町内会の役職などをつうじて、地域に大きな影響力を行使していく様子がうかがえた。

参考文献

『御府内備考　第二巻』雄山閣、一九二九年
小石川区役所『小石川区史』小石川区役所、一九三五年
岩淵令治「小石川村の低湿地開発について」、共和開発株式会社『春日町（小石川後楽園）遺跡第10地点』株式会社東京ドーム、二〇〇七年
文京区役所『文京区史　巻四』文京区役所、一九六九年
東京都印刷工業組合文京支部『20年の歩み』東京都印刷工業組合文京支部、一九六六年
共同製本株式会社『共同製本と金子福松　創業五十周年記念誌』共同製本、一九六二年
草間八十雄『どん底の人達』玄林社、一九三六年
東京大学大学院工学系研究科建築学専攻伊藤毅研究室『地域の空間と持続――東京白山・丸山福山地区を素材として』、東京大学21世紀COEプログラム「都市空間の持続再生学の創出」報告書、二〇〇八年
加藤政洋『花街――異空間の都市史』朝日新聞社、二〇〇五年
初田香成「白山　東京の三業地」佐賀朝、吉田伸之『遊廓社会2　近世から近代へ』吉川弘文館、二〇一四年

第3章

近郊農村地帯としての小石川・本郷

土井大隅守
天徳寺
龍光寺
蓮光寺

野菜と肥料のエコシステム

樺山紘一×伊藤毅

都市と農村の境界――野菜のルート

伊藤　三つ目の話題に入ります。文京区というのは「かねやすまでは～」ということで、都市と農村のちょうど境界で、とくに有名なのが駒込土物店で、これも市場でしたし、それから江波戸昭氏『東京の地域研究（続）』（大明堂、一九九七年）に収められている図版（図1、2）に、どのようなルートで主要な野菜が江戸・東京に入ってきて、それから下肥がどういうふうに運ばれていったかということが陸路と水路で分けられていて、江戸の周辺の農村といかに一体化しているかというようなことがこれでよくわかるのですが、駒込なんかはまさにそういう場所の入り口になりますし、それからやはり植木屋が染井周辺に多いのもそういう関係でしょうし、ちょうど都市と農村の境界にあるという性格もあちこちに見受けられるんですけど、先生のご記憶も含めてそのあたりの状況についてお話しいただきたいと思います。

樺山　記憶ですから当然ごく狭いところの話になるんだけれども、今、白山通りがありますで

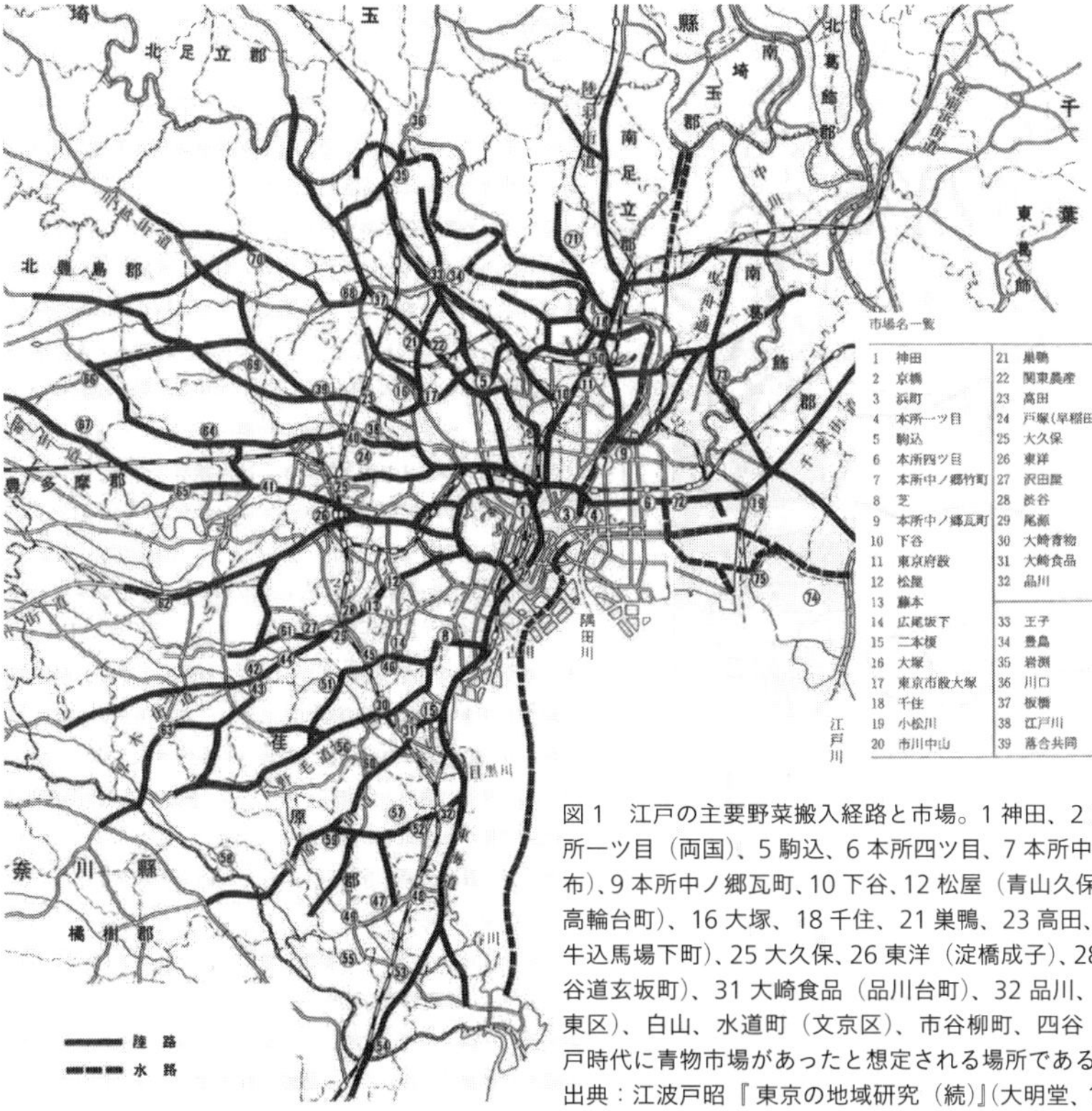

市場名一覧

1	神田	21	巣鴨	40	丸共	58	調布
2	京橋	22	関東農産	41	中野上町	59	馬込
3	浜町	23	高田	42	三軒茶屋	60	万寅
4	本所一ツ目	24	戸塚(早稲田)	43	駒沢	61	太子堂
5	駒込	25	大久保	44	世田ヶ谷	62	松沢
6	本所四ツ目	26	東洋		(荏原第三)	63	玉川
7	本所中ノ郷竹町	27	沢田屋	45	浅藤	64	万屋
8	芝	28	渋谷	46	落会	65	杉並
9	本所中ノ郷瓦町	29	尾源	47	丸新	66	丸八
10	下谷	30	大崎青物	48	大森	67	荻窪
11	東京府設	31	大崎食品	49	池藤	68	東上
12	松屋	32	品川			69	武蔵野
13	藤本			50	三ノ輪	70	下宿
14	広尾坂下	33	王子	51	丸善	71	西新井
15	二本榎	34	豊島	52	大井	72	葛飾
16	大塚	35	岩渕	53	蒲田	73	四ツ木
17	東京市設大塚	36	川口	54	六郷	74	葛西
18	千住	37	板橋	55	矢口	75	小島
19	小松川	38	江戸川	56	荏原第一		
20	市川中山	39	落合共同	57	荏原第二		

図 1　江戸の主要野菜搬入経路と市場。1 神田、2 京橋、3 浜町、4 本所一ツ目（両国）、5 駒込、6 本所四ツ目、7 本所中ノ郷竹町、8 芝（麻布）、9 本所中ノ郷瓦町、10 下谷、12 松屋（青山久保町）、15 二本榎（下高輪台町）、16 大塚、18 千住、21 巣鴨、23 高田、24 戸塚（早稲田・牛込馬場下町）、25 大久保、26 東洋（淀橋成子）、28 渋谷、29 尾源（渋谷道玄坂町）、31 大崎食品（品川台町）、32 品川、37 板橋、橋場（台東区）、白山、水道町（文京区）、市谷柳町、四谷（新宿区）等は、江戸時代に青物市場があったと想定される場所である。
出典：江波戸昭『東京の地域研究（続）』(大明堂、1997) より

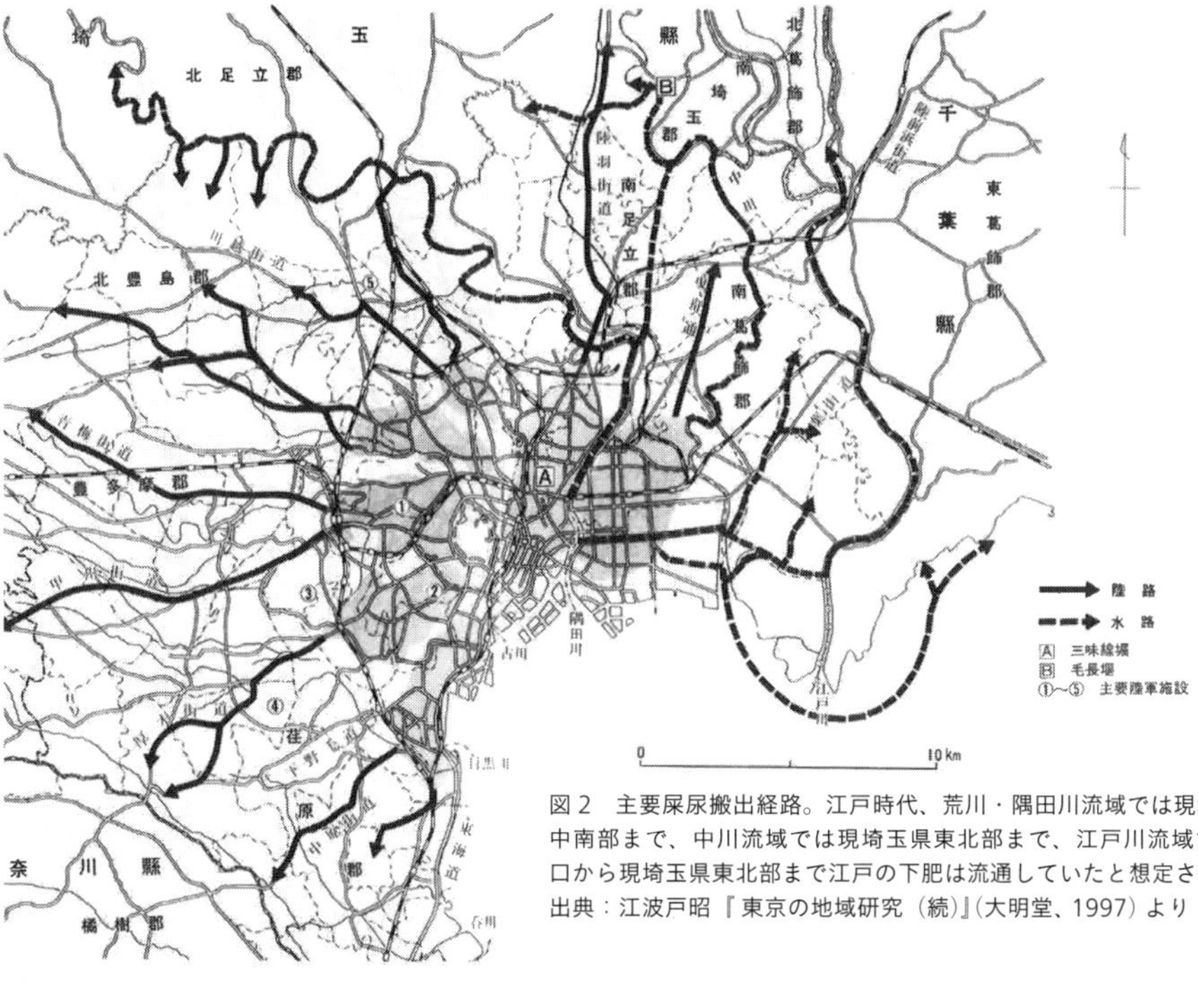

図 2　主要屎尿搬出経路。江戸時代、荒川・隅田川流域では現埼玉県中南部まで、中川流域では現埼玉県東北部まで、江戸川流域では河口から現埼玉県東北部まで江戸の下肥は流通していたと想定される。
出典：江波戸昭『東京の地域研究（続）』(大明堂、1997) より

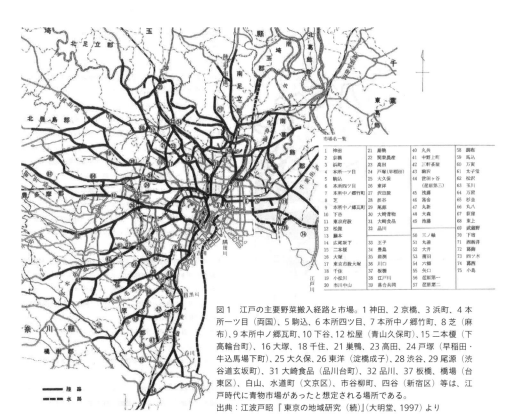

しょう。白山通りを北上して白山上にいって、それで中山道とぶつかるんだけど、あれは合流するんじゃなくて交差しているんですよね。中山道が本郷からきて今の巣鴨まで行きますよね。今の白山通りはかつて江戸時代には参勤交代用街道でしたけど。白山の上にのぼって交差し、さらに江戸城を背にして北東に向かうと田端になるんです。白山では本当にごく狭い商店街になっていますけれども、その先で今の駒込病院の前を抜けて田端に下りていく道になります。その道は郊外から野菜がくる道だったと聞きました。中山道ももちろんそういう道でしたから、昔は今の巣鴨駅を少し先に行って右側のところに大きな野菜市場があった。

伊藤　これも確か駒込から移ってきたということですが。

樺山　戦後ある時期から巣鴨にあったと思うんだけれども。われわれ子供の頃はあそこで野菜を仕入れた八百屋のおっちゃんたちがリヤカーや大八車で引いていました。どんな野菜かというと、本当にわれわれが知っているダイコンとかハクサイとか、ゴボウとか、ニンジンとか、そういう類いのものですね。千住とか滝野川といった地名を冠にした野菜でした。戦前はその大八車でもって下肥を逆に都心で引き取って帰っていったわけだよね。野菜と交換に下肥をとって、中山道とか今の本郷通りを帰っていったんですよね。

伊藤　それはもう江戸時代からだと思います。

森田　板橋のあたりから大名屋敷に汲み取りにきたといいます。

伊藤　ええ。下肥は大名屋敷から集められるものがけっこう多かったんですね。町人地もありましたけど。

樺山　水戸藩の藩邸の下肥をとっていた。

伊藤　東京砲兵工廠はもと水戸藩邸の土地にあり、前章と下肥でつながっている。

樺山　下肥は有料ですから、もちろん野菜と交換です。野菜をもってこなければ下肥はとれないので。

伊藤　お互いに依存関係にあったということですよね。

樺山　私たちの子供の頃、昭和二四、五年くらいまでは、まだ馬が引く大八車がありましたから、ずいぶんと馬糞が道には落ちていましたし、冬になって風が吹くと舞い上がってたいへんだったんですよね。

湯島の味噌蔵と麹室

伊藤　話題を湯島に移しますが、本郷、湯島に味噌屋さんとか麹屋さんがあって、大豆をどこから運んできたかということが実はよくわからないのです。たぶんそこで大豆をつくっているわけではないので、どこかから大豆をもってきて、それが陸路か水路かという話があって。

樺山　あれは湯島だよね。

伊藤　湯島のほうが中心ですね。神田明神の前に今でも麹屋がありますけど。湯島、本郷の台地というのは結構いい台地で、関東ローム層で、普通、東京の下町を掘るとすぐに水が出ちゃうんですけど、かなり掘っても水が出ないので、台地の上のほうでは地下室《むろ》が掘れるんですね。なので、そういう意味では味噌とか麹の室をつくることができたということです。ただ材料となる大豆は周辺農村から運んでこないと、ああいう場所ではつくれないですからね。

樺山　そうですよね。ですから街道は今の本郷通りだよね。

伊藤　そうなりますね。

樺山　今の飛鳥山のところで下り坂になるから……。

伊藤　やはり陸路ですかね。

樺山　陸路なんでしょうね。ただ、本郷の台地はすぐ向こう側、東側でもって崖で落ちます。でもこの河岸段丘は南北にものすごく長いんだよね。

伊藤　何か特異な地形だったんですよね。ただ、この湯島の味噌屋さんというのはすごく集中していて、やはり周りでも珍しいくらいだったようですね。

樺山　そう言えば思い出したけれども、「王子の狐▼」という落語があるけれども、あれは街道を辿って白山方面に来る話なんですね。

伊藤　ということですよね。つながっているんですね。

樺山　つながっているんだよね。王子は段丘が落ちた崖の下だけれども、あそこから白山や本郷までは街道としてつながっていた。

伊藤　東京砲兵工廠のつながりと、野菜のつながりとは意外にも街道でつながっている……。

▼古典落語。人を化かすと言われる狐がかえって人に化かされる顛末を描く。

勝田　ところでこの地図にあるように、江戸時代もだいたいこんなルートで野菜が入ってきたと考えていいのでしょうか。江戸のコメは水路で東北地方から入ってきていましたよね。さすがに百万都市に供給するコメを陸路でというわけにはいかなかったようです。とはいえこれだけ陸路で野菜を運ぶルートが発達していたというのは意外でした。

伊藤　野菜を運んでいたという話はあちこちで聞きます。

勝田　江戸時代後期の人間は、たとえば佐藤信淵▼や渡辺崋山▼のように、コメの供給を江戸湾に依存する江戸の弱点をわかっていたようです。いったんこの水上ルートが止まってしまうと江戸はあっという間に飢えてしまうので、迂回路としての印旛沼の工事を行ったようです（藤田覚『幕藩制国家の政治史的研究――天保期の秩序・軍事・外交』校倉書房、一九八七）。ということで、江戸の食糧は幕末まですべて海からかと思っていたら、これを見るとそうでもないのかもしれませんね。

伊藤　意外と江戸に入ってくる水上交通というのはよくわかっていなくて、最近、吉田伸之さんがようやくそれに手をつけ始めて、海側からやってくるのと、川を使ってやってくるのと、二系統あって、それがそれぞれ違うものを運んでいたということですが、まだよくわかっていない。物流についての研究はあまりないんですよ。

▼（一七六九－一八五〇）江戸時代後期の経世家、農学者、兵学者、農政家。

▼（一七九三－一八四一）江戸時代後期の文人、画家。いわゆる「蛮社の獄」に連座し切腹。

台地に埋め込まれた穴——本郷・湯島の麴室と小石川・白山の地下抗

髙橋元貴

はじめに

「本郷も　かねやすまでは　江戸の内」。

江戸市中の北の境を、本郷三丁目の「かねやす小間物店」を題材に詠んだとされる天明期（一七八一－一七八九）の狂句はあまりに有名である（『三府及近郊名所名物案内』一九一九年）。他方、文政元年（一八一八）に江戸幕府によって確認された町奉行支配地をしめす「墨引」の範囲は、さらに北の駒込あたりにまで及んでいたことはよく知られており、江戸市中の境界は曖昧であった。

現在の文京区は、北西から南東へとのびる本郷台地・白山台地・小石川台地・小日向台地・雑司ヶ谷台地・関口台地の六つが横たわる（図1）。成立期の江戸の「総構《そうがまえ》」▼の北限が神田川にあったことをふまえれば、近世・近代をつうじて〝都市〟としての江戸・東京の境界は、こうした複数の台地の連なりのなかに展開されていたといえよう。

▼城や砦の外郭、またはその囲まれた内部のこと。

図1　文京区の台地
註：「基盤地図情報・基本項目および数値標高モデル（5m メッシュ）」（国土地理院）をもとに ArcGIS にて作図。

本稿では、本郷台地および白山台地上で発掘されてきた地下室（麴室と地下抗）を手がかりに、都市と農村のはざまに位置していた文京区の歴史的性格をさぐってみたい。

本郷・湯島の麴室

今となっては往時の面影はまったくないが、本郷・湯島周辺は、江戸・東京のなかでも随一の麴・味噌の生産地であった。

江戸の地誌をひもとけば、『江戸砂子』（一七世紀前半）のなかに湯島天神前の「麴屋」の存在を見出せ、『続江戸砂子温故名跡志』（享保二〇年（一七三五））では、「江府名産」のひとつとして「本江麴」がとりあげられ、「本江湯嶋ゟ江府の麴多く出る」とされている。当地域では、遅くとも一七世紀末ごろから麴商売が営まれ、麴から製造される味噌や酒の生産も盛んに行われていた。こうした近世由来の麴や味噌・酒にかかわる商売は、近代に入っても引き継がれ、明治末には東京市の味噌製造業者の約四〇％、麴製造業者の約八〇％が旧本郷区に集中していたという［古泉 二〇〇三］。麴の特産地としての本郷・湯島の性格は少なくとも戦前まで保たれていたのである。

麴づくりに欠かせないのが、麴菌を発育させるための高温多湿な部屋（「麴室《むろ》」）である。安政江戸地震（一八五五年一〇月）の被害状況が詳細に記録される『安政見聞誌』（安政年間）には、「神田・本郷・湯島の辺ハ水場ニあらざるゆへ、味噌屋の糀室多し」と記され、江戸の麴室の特徴が次のようにつづられている。

他国ハ陸室《おかむろ》にして築上《つきあげ》たるゆへ地震にて破損するとも崩潰る等ハすくなかるべし、江戸の糀室《こうじむろ》ハ穴《あな》室にて凡巾《はば》壱間半・長さ十間ばかり、之四方竹垣《たけがき》のごとくして、土の間へ藁《わら》を詰《つめ》、又天井《てんぜう》ハ横に丸太を渉《わたし》、筵《むしろ》を敷、其上に土を置《おく》之

それではこうした地下式の麴室は本郷・湯島にどのくらい存在していたのだろうか。

文京区内の発掘調査では麴室と推定される地下室が多く検出されてきた〔古泉 一九九〇〕。ここでは岩淵令治氏が紹介し、詳細な検討を加えている二つの史料から、近世後期から明治初頭の本郷・湯島地域における麴室の数や地域分布、その形態についてみてみよう〔岩淵 一九九六〕。

まず、近世における本郷・湯島周辺の麴室については、文政一〇年（一八二七）の「味噌麴渡世室持之者名前并年数」（『町方書上』本郷春木町之部、国立国会図書館所蔵）から知ることができる。調査の背景は未詳だが、同史料は当地域で味噌麴渡世を営むもののなかで麴室を所持する者のリストで、一部はその築造時期も記載されている。これによれば、当時の麴室所持者は一〇七名にものぼる（うち四名は神田明神表門前〔現・千代田区〕）。築造が最も古いのは延宝四年（一六七六）の本郷春木町二丁目の伊勢屋久右衛門が所持する麴室で、麴の特産地としての成立と同時期に麴室がつくられていたと考えられる。

ついで近代初頭については、明治六年（一八七三）の「室ヶ所書上」（『坤部布告稿』東京都公文書館所蔵）からその数をうかがうことができる。これは麴室の崩落を懸念した東京府が、各戸長に取調を命じ、調査報告させたもので、計四〇人分の室が記録されている。このうち三六人（四二か所）が本郷・湯島に居所をもっている。文政期と比べると、記録上その数は約半減しているが、うち二七人は江戸以来の味噌問屋であった。

これらの情報を、現在の地形を重ねた明治六年（一八七四）の「沽券地図」（東京都公文書館所蔵）の上にしめしたものが図2である。文政期の史料からは、町ごとにしか麴室の所在を比定できないが、嘉永四年（一八五一）の味噌問屋株の所持状況（表1）や明治期の麴室ともよく照応することがわかる。またこれを地形との対応からみると、細かくのびる支谷を避けるように台地面上に麴室が点在していることをうかがい知ることができる。麴室は、五－一〇メートルの関東ローム層（「赤土」）に覆われた地盤として良好な場所に設けられていたと考えられるだろう。

さて、明治六年の史料には、それぞれの室の深さ、幅、長さなどの情報も記載されており、これらを模式的に復元したものが図3である。麴室の深さはおおむ

本郷金助町	4
本郷春木町2丁目	5
本郷春木町3丁目	1
本郷元町	11
本郷3丁目	1
本郷5丁目	2
本郷6丁目	2
本郷6丁目喜福寺門前	2
本郷菊坂台町	9
本郷新町屋	21
湯島天神社地門前	5
湯島三組町	8
湯島棟梁屋敷	1
湯島6丁目	2
神田明神社地門前	2

表1　本郷・湯島周辺の味噌問屋株の所持状況
註：『諸問屋名前帳』（国立国会図書館所蔵）。

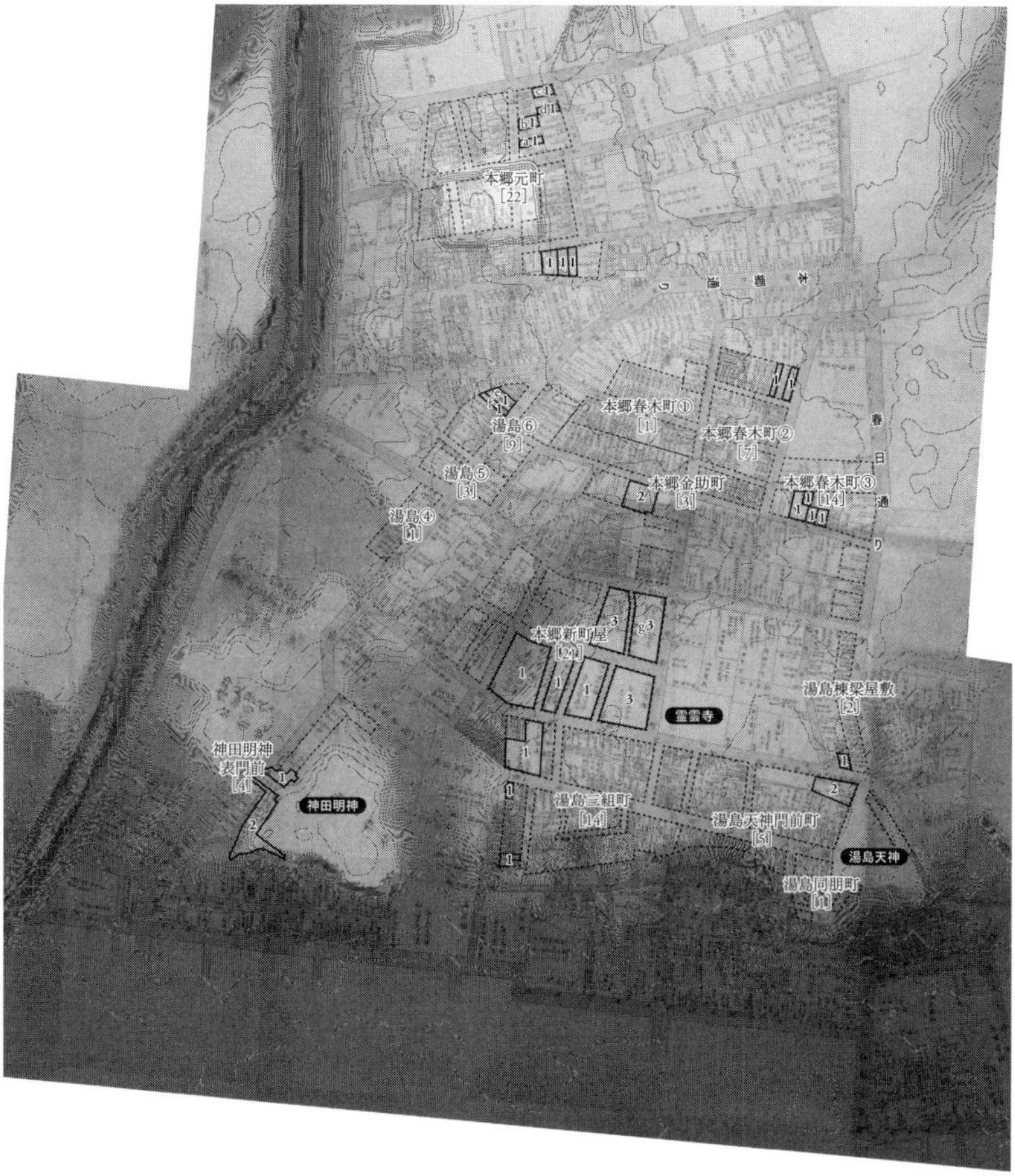

図2　本郷・湯島の麴室の分布

註:「六大区沽券地図」(東京都公文書館所蔵) および「基盤地図情報・数値標高モデル (5mメッシュ)」(国土地理院) をもとにArcGISにて作図し、「味噌麴渡世室持之者名前并年数」(『町方書上』本郷春木町之部、国立国会図書館所蔵) および「室ヶ所書上」(『坤部布告稿』東京都公文書館所蔵) の情報を付加。

凡例：町名は近世のものを表記し、点線で町域を示した。また、[数字] は文政10年の麴室数、太線・数字は明治6年の麴室の所在と数を示す。なお、本図には含めていないが、同史料から本郷5・6丁目、同菊坂台町、駒込浅賀町にも麴室があったことがわかる。本郷台地の南端の地域を中核としながら、北側にも麴室をもつ麴・味噌渡世の者が展開していたと考えられる。

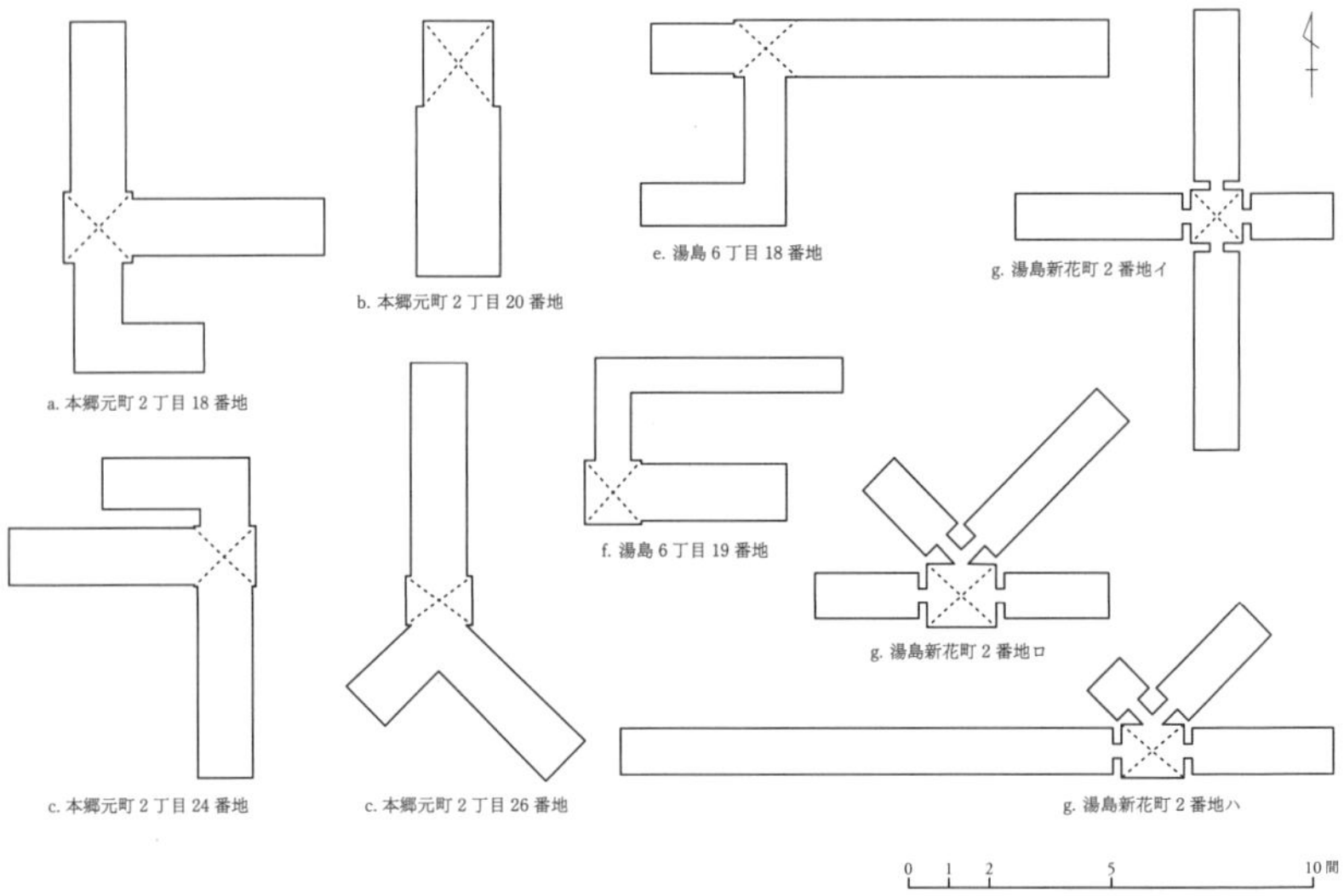

図 3　本郷・湯島の麹室の形態
註：「室ヶ所書上」(『坤部布告稿』東京都公文書館所蔵）より復元。

図 4　本郷 6 丁目町屋跡の地下式麹室
註：『東京大学本郷構内の遺跡　伊藤国際学術研究センター地点（H7109）発掘調査略法』東京大学埋蔵文化財調査室、2010 年。

ね二−三間程度で、一般的に「口敷」（竪穴）を設け、そこから枝分かれする一−四筋の「堀敷」（横穴）をもつ形式であったことがわかる。堀敷の長さは区々だが、こうした形状は、従来から文京区周辺で検出されてきた地下室遺構とも合致する（図4）。

同史料で注目されるのは、いくつかの麴室の堀敷が、所持者の宅地を越えて隣地や道路下にまでのびていたことである。当時こうした事案については埋め戻しが命じられている。地下空間は、地上の土地境界を容易に越えて自侭に利用されていた事実は興味深く、その逆に図2にみられる屈曲する堀敷などは宅地内でおさめようとする工夫とも理解できよう。

また、岩淵氏も指摘しているように、同史料中に「右（麴営業）渡世之もの地主或ハ借地ニ不拘地面より深サ三間又ハ四間余モ掘下ケ自用いたし、且三四ヶ年を過候得ハ、傍ラ6堀替連々有之」と、麴室の堀敷が三−四年ごとに掘り替えられているとしている戸長の見解は見逃せない。詳細は定かではないが、堀敷には使用上の耐用年限があったようで、麴室の維持のためには数年単位で改変がなされていたことは間違いないだろう。

小石川・白山の地下抗

本郷台地から離れて、その西側に位置する白山台地へと目を向けてみると、先にみた麴室とは異なる次のような特徴をもつ地下室遺構（「地下抗」）がみつかっている（図5）。

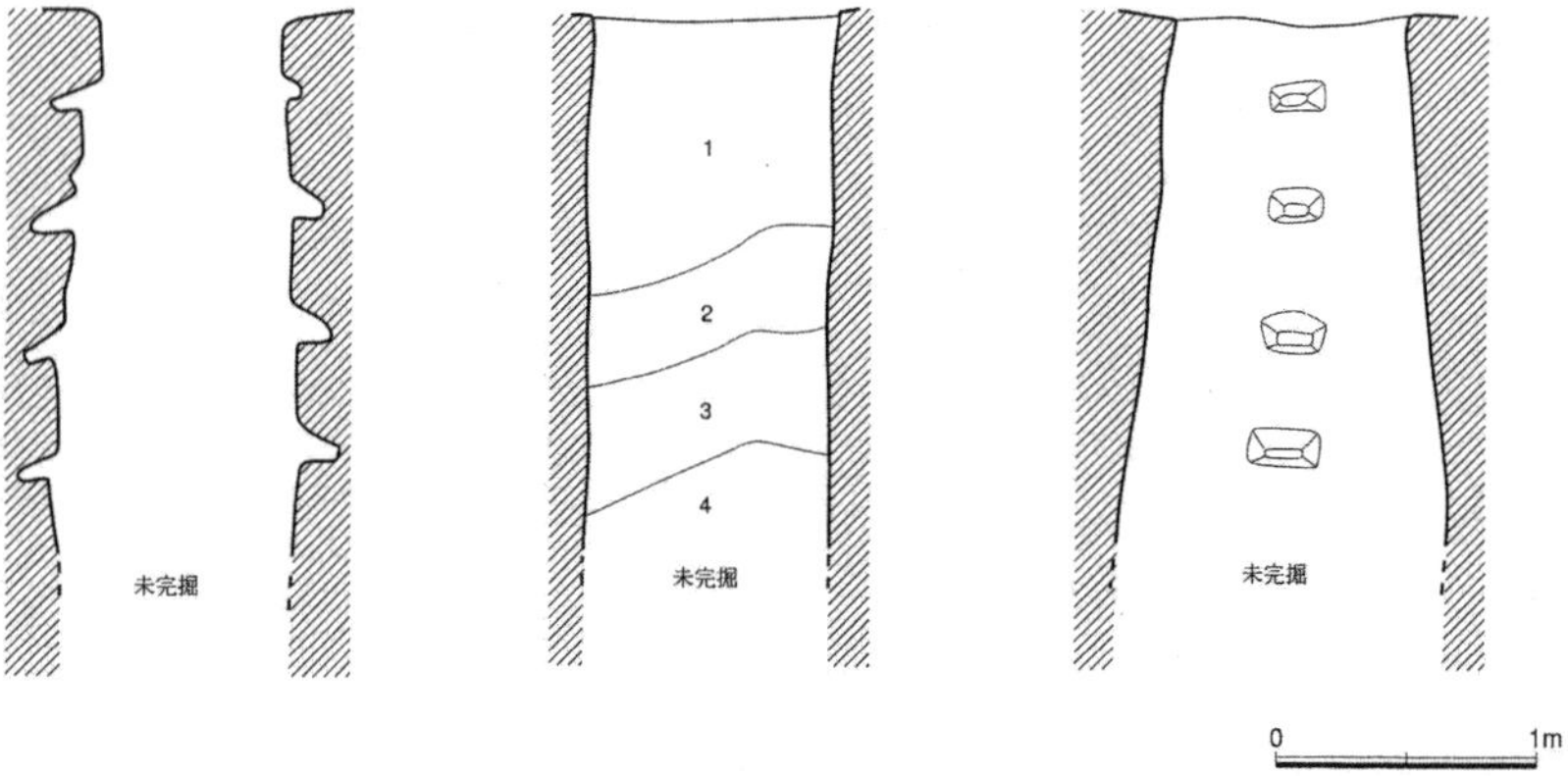

図5　発掘された地下抗
註：『文京区埋蔵文化財調査報告書21――林町第Ⅱ地点遺跡』2000年。

1　九〇×六〇センチメートルの開口部をもつ竪抗で、深さは五メートル以上に及ぶ。

2　竪坑には四〇－五〇センチメートル間隔で昇降用と思われる足掛け穴がある。

3　竪坑から方向によって高さの異なる（六〇－一二〇センチメートル）、幅九〇センチメートル程度の横坑がのびる。

4　横坑の壁面には灯り置きと思われるくぼみがある。

5　壁面および床面は整形されるが、天井部には工具痕が残る。

6　地下には部屋のような空間はない。

このような「地下抗」の発掘事例は、文京区の白山四丁目遺跡で初めて発見され、都区内では豊島区の巣鴨遺跡を除けば、白山・小石川周辺に限られるという（白山四丁目遺跡・原町遺跡・

小石川御薬園跡・林町遺跡・指ヶ谷町遺跡・三軒町遺跡など）〔鈴木・池田 二〇〇六〕。

その用途は、農業説や地下道説、粘土採掘抗説、上下水施設説などいくつかの機能が想定されており、いまだ確定するにいたってはいない。ここでは、農作物や植木の生産にかかわる地下式の温室として利用されていたとする農業説を紹介しておきたい。

関口かをり氏と遠藤寛子氏によれば、植木生産に穴蔵が用いられていたことが文献上に見出せ、具体的な事例としても、うどの生産（東京都立川市）や甘藷生産〔たねいもの貯蔵〕（埼玉県三芳町）に同形態の地下抗が利用されていることなどが確認できるという〔関口・遠藤 二〇〇〇〕。

そもそも当該地域には、小石川御菜園（現・小石川植物園）が位置し、さらに北西に続く巣鴨・駒込地域は、近世以来の植木の生産地として名高い。また、駒込浅嘉町・高林寺門前町・天栄寺門前町の青物市場（土物店）の存在などをふまえると、近郊農村としての性格や園芸文化との関係性が強くあったことは容易に想像され、こうした地域特性に準じた土地利用が行われていたと考えることは的外れな見解ではないだろう。

おわりに

文京区の市街地の基盤をなす台地は、近世における武家屋敷から近代における郊外住宅地へとその姿を変化させながらも、居住に最適な場所として受け継がれてきた。その一方で、場所に根づいた人々の生業にとっても重要な〝インフラ〟として台地が機能し続けていたことも確かである。地面の下に埋もれている地下室は、町の景観には直接には現れてこない。しかし、遺構を通してみると、本郷台地は麹や味噌、白山台地は植木や園芸といった、それぞれの台地に対応する地域特性が浮かび上がってはこないだろうか。都市と農村の厚みをもった境界としての文京区の歴史的性格は、台地＝大地に確かに刻みこまれているのである。

参考文献

『本郷区史』東京市本郷区、一九三七年
『文京区史（巻二、巻三）』東京都文京区、一九六八年
岩淵令治「駒込村の歴史的変遷」、地下鉄7号線溜池・駒込間遺跡調査会編『地下鉄7号線溜池・駒込間遺跡発掘調査報告書6——春日町遺跡・菊坂下遺跡・駒込追分町遺跡・駒込浅嘉町遺跡・駒込富士前町遺跡』帝都高速度交通営団、一九九六年
遠藤寛子「文京区白山地域所在の地下抗について」、『文京区埋蔵文化財調査報告書21——林町第Ⅱ地点遺跡』二〇〇〇年
古泉弘『江戸の穴』柏書房、一九九〇年
古泉弘「江戸の地下式麹室」『月刊 酒文化』二〇〇三年一一月
鈴木啓介・池田悦夫「文京区内における江戸遺跡の様相——2004年度・2005年度の調査事例から」『江戸遺跡研究会e会報』105、二〇〇六年
関口かをり「文献調査の成果」、『文京区埋蔵文化財調査報告書21——林町第Ⅱ地点遺跡』二〇〇〇年
谷川章雄「穴蔵——江戸の地下収蔵」『伝統都市3　インフラ』東京大学出版会、二〇一〇年

江戸近郊における蔬菜栽培

森朋久

江戸近郊での蔬菜生産

駒込など青物市場へ野菜を供給した江戸近郊農村は、地理的な特徴から東と西に分けられる。江戸の西の農村では、武蔵野台地から狭山丘陵・多摩丘陵が続くというように台地・丘陵が続き、耕地は畑がちで、主たる生産物は麦等の穀類である。対する東の農村では荒川、綾瀬川、中川（古利根川）、江戸川という比較的大きな河川が形成する沖積低地で、耕地は田がちで稲作水田地帯が一般的な光景である。両地域では、穀物生産のかたわら前栽物（青物）が生産され、中期以降その生産が盛んになった。

青物市場では、野菜を供給する近郊農村を「山」または「山方」と呼んで、方面により呼び名が異なった。品川在からの送り荷は「南山」、堀之内・練馬・池袋・高田方面からの送り荷は「西山」、葛飾・行徳・砂村方面は「東山」、千住以北は「北山」と呼んだ。このうち北山の荷は、江戸三大市場のなかでも千住市場の力がかなり強く、一手売りさばきの観があるとされているが、これに次ぐ地位にあったのが駒込市場であると考えられる。

千住市場のことを詳細に描いた「千住市場調書」には、東山のうち中川から江戸川までの水田地帯が葉柄物の産地であったことが記録されている。たとえば、享保一〇年（一七二五）葛飾郡川端村（葛飾区）の村明細帳（現在の村政要覧のこと）によると、享保年間（一七一六－一七三六）同村では冬菜・茄子・大角豆・瓜が生産され、中ノ郷（墨田区）の青物市場へ売りに出されていたことがわかる。延享三年（一七四六）葛飾郡上小合村（葛飾区）の村明細帳によると、延享年間（一七四四－一七四八）同村では畑で自家用に大麦・大豆・小豆・粟・稗・菜・大根・茄子・牛蒡・葱をつくる一方で、商品作物として米穀や茄子・葱・牛蒡をつくり、神田、千住各青物市場へ出荷したことがわかる。このように、近世中期以降、東郊農村では商品作物として米穀・蔬菜を生産し、江戸へ出荷するようになったのである。さらに、天保六年（一八三五）に起きた千住市場と江戸東郊農村との争論での係争品目として、葱・大根・枝豆・瓜・牛蒡・唐茄子・果物が挙げられており、幕末期、このような蔬菜が日常的に東郊農村で栽培され、千住市場へ出荷されていた。当地域における蔬菜生産の進展は、近世中期以降、江戸市中における蔬菜需要の増大に対応している。

しかし、江戸から三五キロメートルほど離れる武州葛飾郡藤崎村（千葉県習志野市）では、元文二年（一七三七）江戸向けに大麦・大豆・小豆を栽培するのみで蔬菜類はなく、また天保一四年（一八四三）千葉郡犢橋村（同県千葉市）では、江戸向けに麦・小麦・菜種・粟・稗・薩摩芋を栽培しているのみで、どちらの地域も江戸向けの蔬菜生産圏から外れている。つまり、江戸向けの蔬菜の生産地域は、江戸からおよそ三〇キロメートルの範囲内で、これより外は穀物生産地域であり、江戸向けの商品作物は、穀類、豆類か保存できる芋類等に限定された。このような江戸との距離に応じた出荷傾向は、西郊農村でも同様である。

前栽物の商品化

蔬菜は日持ちしなかったのでその鮮度が重視され、品目によって出荷される季節が定まっていた。江戸では初物・走り物を、先を争いかなり高値で買い求める風潮があった。幕府は、すでに寛文年間（一六六一－一六七三）この流れを押さえるために魚介・鳥・野菜・果実などの毎年の売り出し月を定めるが、この効果は薄く、初物を求める風潮は変わるどころか、なお一層高まっていった。近郊農村でも、できるだけ早く初物を出荷するために、蔬菜の促成栽培の技術が開発され、さまざまな促成栽培が行われる動きがみられた。たとえば、天明年間（一七八一－一七八九）頃、葛飾郡中田新田の松本久四郎は、江戸の塵芥を利用して温床に油紙で覆いをしたり、炭火を利用したりする技術を開発、駆使し、茄子・胡瓜・菜豆などを促成栽培して江戸へ売りさばいた。江戸における蔬菜の需要とその売買から得られる現金収入の激増にともない、近郊農村における前栽物の生産がさらに助長された。その結果として近世後期には、練馬の大根、駒込の茄子、内藤新宿の蕃椒《ばんしょう》［唐辛子］、早稲田・中里の茗荷、小松川の小松菘《な》、砂村の葱など江戸向け蔬菜の特産地も形成されていった。

野菜生産を支える下肥

江戸近郊農村では、江戸で高く売れる美味しい蔬菜を生産するために良質な肥料が必要であり、その代表的なものが下肥である。下肥は、江戸に住む武家や町人が排出した屎尿であり、この質は食料に左右され、最良の下肥は公的な遊廓である吉原から得られるといわれる。江戸近郊農村の農民は、江戸へ出かけ下肥を仕入れた。近世中期までは下肥の仕入れは無料または謝礼として若干の野菜を渡すのみであったが、近世中後期以降、下肥の汲み取り権は売買されるようになった。それ以降、下肥の汲み取り先である町家や武家屋敷のことを下掃除場所といい、下肥を汲み取る者を下掃除人と呼ぶようになる。下掃除人は、町家や武家屋敷と年度契約を結び、下掃除代を支払うことで下掃除の権利を得たが、その代金は次第に高騰し、江戸後期から幕末期にはかなり高級な肥料（金肥）となった。そのために代金をめぐり、近郊農村の野菜生産者側の下掃除人と江戸町人側または武家側の下掃除場所は訴訟で争い、何度か代金引き下げに結果することがあった。

参考文献
伊藤好一『江戸地廻り経済の展開』柏書房、一九六六年
渡辺善次郎『都市と農村の間　都市近郊農業史論』柏書房、一九八三年
加藤貴編『大江戸歴史の風景』山川出版社、一九九九年

青物市場の成立

森朋久

青物市場成立の経緯

天正一八年（一五九〇）に徳川家康が江戸に本拠を構えると、江戸城とその諸役所、武家屋敷を中心とする政治都市となる。幕府が開かれ、城下町の機能が急速に整えられ、武家・町人が多く集住するようになると、江戸は次第に消費都市としての性格ももつようになる。江戸で消費される物資の多くは先進地帯である上方、大名の国元または特産地から輸入されるが、保存が難しく腐敗しやすい物資は周辺農村から供給され、この物資のひとつに前栽物（野菜・蔬菜）があった。寛永期（一六二四－一六四四）幕府は、武蔵国多摩郡府中町・是政村（府中市・小金井市）に幕府直営の御瓜畑を設置し、美濃国本巣郡真桑村（岐阜県真正町）から農民二人を呼び寄せ、周辺農村から肥料や労働力などを供出させながら幕府の手厚い保護のもと真桑瓜《まくわうり》を栽培させ、幕府へ上納させた。幕府は、江戸城内や近郊に御前栽畑や御菜園を設定し、一方諸大名や旗本も屋敷内に前栽畑を設定し、周辺農民に種苗を献上させたり、彼らにその作付けや栽培を任せ、前栽物を上納させたりすることで、食生活に欠かせない生鮮食料を江戸城または武家屋敷に対して供給した。

その一方で江戸が拡大し、人口が増加するにつれて、下級武士や町人の食生活に供するために、周辺農村から江戸市中へ向けて蔬菜がますます供給されるようになる。その流通の機構が整うにしたがい重要な役割を果たすのが、近世初期に神田・千住・駒込に成立した青物市場である。

神田市場の成立の経緯は、近世初期、まだまだ町外れであった神田多町に、近辺の農民が野菜を持ち寄り売るようになり、やがて町並みが成立して農民が蔬菜荷をこの町の商人へ委託して販売するようになると、この商人が専門の野菜問屋となり、貞享三年（一六八六）、江戸に散在していた青物商が、神田多町・同連雀町・同永富町に集まり青物市場としての規模が拡大したという。また隣接の須田町・通新石町には、水菓子（果物）を取り扱う水菓子問屋が集住するようになった。神田は、北は奥州道中・中山道、南は日本橋を通り東海道、東は下総街道と陸上交通の一大交差点である。また、神田川を東に行けば隅田川、荒川、利根川、江戸湾を通して、関東諸地域をはじめ全国各地へ、西に行けば武蔵野へというように、舟積荷の運搬が可能な水上交通の要所でもあり、交通の便に非常に恵まれていた。

駒込は、駒込浅嘉町、高林寺前、天栄寺門前の三ヶ町にわたる市場であり、元和期頃近村の農民が蔬菜を持ち出し、さいかちの古木の下で売買したことがその前身で、万治三年（一六六〇）頃に青物市場が成立したといわれる。明暦三年（一六五七）の大火ののち高林寺は門前町と

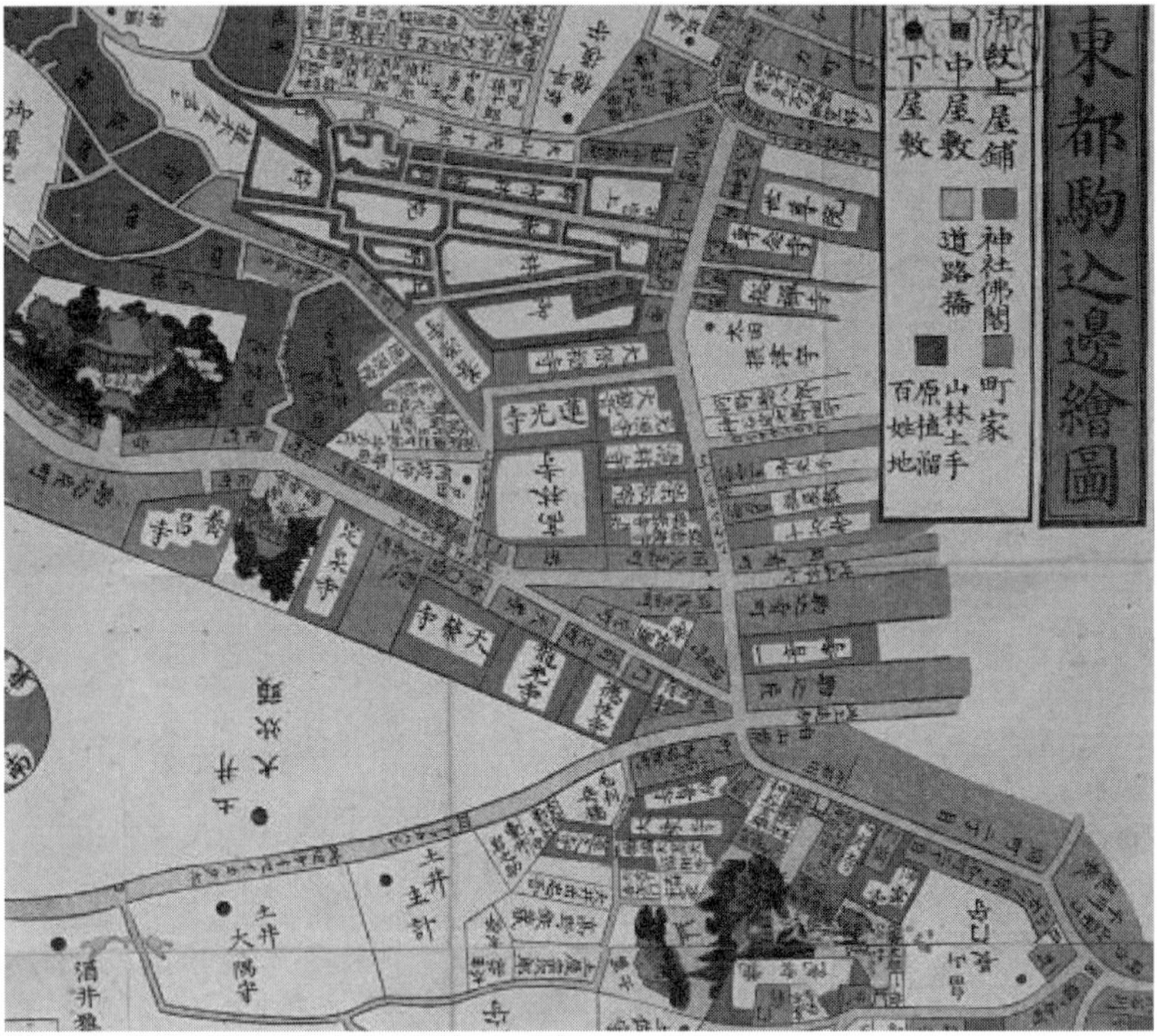

図１　東都駒込辺絵図

ともに、万治三年（一六六〇）に天栄寺は本郷菊坂より移転し、宝永二年（一七〇五）に町屋が許可されているので、両寺の移転以降、駒込市場が成立したと考えられる（図1、2）。駒込市場は、本郷追分で中山道から分かれた日光御成道沿いにあり、追分からここまでは両道が並行して走るので中山道にも近い。また西は白山神社門前付近で発し両寺門前を通る道は、東は谷中を抜けて千住宿および千住市場または上野方面へ至る。このように駒込市場は陸路の要所に存在し、各道を通り野菜が供給されたのであろう。天栄寺は、移転以前に本郷に存在したことからも駒込と本郷の町屋との関係がうかがわれる。また神田・千住と異なり、寺社奉行の管轄下にある寺社の門前にあったことが、少なくとも江戸の治安維持が強化される天保改革までは江戸町奉行の都市政策の影響を受けずに、市場本来にみられる自由闊達な営業活動が行えたと考えられる。

江戸市中の拡大と都市人口の増大にしたがって、万治・寛文・延宝年間頃（一六五七－一六八一）、本所四ツ目橋（墨田区）、京橋（中央区）、下谷（下谷三ノ輪町・下谷金杉町　台東区）に、元禄・享保年間（一六八八－一七三六）以降に両国（墨田区・中央区）、浜町（中央区）、中之郷竹町（墨田区）、青山久保町（港区）、渋谷道玄坂町（渋谷区）、時

図2　駒込市場跡の碑

期不明であるが橋場（台東区）・白山（文京区）・巣鴨（豊島区・文京区）・水道町（新宿区・文京区）・市ヶ谷柳町（新宿区）・牛込馬場下町（同）・四谷（同）・淀橋成子（同）・大久保（同）・品川台町（品川区）・下高縄台町（港区）などに中小規模の青物市が族生していった。ただし、三大市場と数えられる神田・千住・駒込各市場は、その由緒の古さから有力で、とくに神田市場は、正徳末年（一七一四、一五）頃から幕府御用命を受けて江戸城青物役所へ納入する特権が与えられ、さらに近世中期に神田が江戸の中心となると、権威と地の利から青物流通機構で中心的な役割を果たした。

駒込にみる青物市場の様子

駒込市場は「駒込土物店」とも呼ばれ、主に根菜類を中心とする野菜の取り引きを得意とした。駒込の青物問屋は一四軒の問屋株をもって市場仲間をつくっており、それぞれの問屋に仲買一名が付属し、その他に仲買株一九軒が設定された。一般的に市場では、問屋は農民や在方［農村］の集荷商人から一定の口銭（手数料）をとって野菜を預かり、その野菜を仲買に売り、そして仲買は小売商人へ売りさばく。しかし駒込市場の場合、「問屋庭」で行われる売買に荷主も参加し、仲買や小売商人と直接売り買いを行う商慣行があり、これによって駒込の問屋は、荷主と仲買の干渉を排除し、自らの主導によって相場を定めることができたとされる。また荷主の参加が認められたのは、たまたま受け取りを拒否された下掃除場所に対する納入予定品を、荷主が地元へ持ち帰らずに市場で競りにかけられるように便宜をはかったためとも考えられる。江戸近郊農村の農民は、武家屋敷や町屋敷の下肥を汲み取る権利を受ける代わりに、生産した野菜や沢庵・浅漬けなどの漬物を両所へ納入したが、その品質が悪い場合は受け取りを拒否された。陸路での野菜の運搬手段は人力または馬であり、船に比べるとわずかな量しか運べず、運搬の負担や経費は重く、受け取りを拒否された荷を持ち帰るよりは帰途での換金や交換が望ましかったと考えられる。さらに、これによって駒込では他市場よりも経営規模が小さい農民が競りに参加できることになり、これが市場での蔬菜の集荷にさらなる増加をもたらし、市場の賑わいをいっそう盛り立てたと捉えられる。

文久三年（一八六三）に駒込青物問屋一二軒は、豊島郡西ヶ原村（北区）の有力荷主と五項目からなる市場の仮規定を結ぶ。その第一は、青物の代銭の支払いと口銭に関する規定で、駒込市場では従来、青物代銭を仲買や小売商人から直接荷主へ支払っていたが、支払い方法等をめぐり紛争が絶えず、以後は問屋が即金で立替えて支払い、後日、仲買・小売商人から代銭を徴収することとなった。また、この手数料として従来銭一〇〇文につき四文の割合であった口銭を、銭一〇〇文につき一文値上げした。第二は、市場内における独自の金銭相場に関する規定で、問屋は市場内と両替屋の両相場の差益を挙げようと、市場内での銭の支払い相場は、両替屋相場よりも一〇〇文の開きを設けた。さらにこの規定では、買い手が荷籠を借り受ける際の規定、青物の品質管理に関する規定、紛争処理の規定がみられ、この時期になると蔬菜集荷量の増加に対応して市場の機構を整え、同時に問屋の権益の拡大もはかられたと考えられる。ここで取り引きされる蔬菜の価格は、大きさ、品質に応じてランクづけされた。前栽物の多くは、青物市場・問屋から仲買、小売、振売りを通して江戸の町人や武家の手に渡った。

青物売買をめぐる市場どうしの争論

近世後期になると、前栽物をめぐり市場どうしが争うこともあった。たとえば、文化一四年（一八一七）から文政二年（一八一九）にかけて幕府へ対する慈姑《くわい》上納をめぐり、神田市場と駒込・千住市場が争論し、従来神田の慈姑問屋が一手に慈姑上納を引き請けていたのを改め、新たに神田・千住・駒込の三市場で引き請け、その期間は神田と千住が各五か月、駒込が二か月となる。この原因は、江戸北郊の川口、岩槻、大門などが慈姑の産地であり、そこから江戸への慈姑出荷は千住・駒込を経由していたため、文化八年（一八一一）にはそのおよそ八割が両市場で吸収され、神田では上納品を調達できない事態に至った。この時期に、駒込や千住の近郊農村からの野菜の集荷および江戸市中への出荷の各機能が強化されていることがわかる。

また、近世中期頃まで青物問屋は、荷受け時に農民から口銭を取り立て、仲買・小売への前栽物販売を代行する荷受問屋であったが、中期以降は蔬菜を仕入れて、仲買・小売へ販売する仕入問屋へ変わるとともに、幕府公認を受け、江戸への前栽物の集荷を独占するようになった。

このため江戸近郊の農民は、青物問屋を通して前栽物を江戸へ販売することとなり、青物問屋の統制を受けた。これに対抗して、天保期以前に江戸西郊の渋谷・目黒・千駄ヶ谷周辺の農民は、青山・渋谷・品川・麻布・高輪台など江戸縁辺で立売りし、蔬菜を江戸町人へ直接販売するようになった。このために、天保三年（一八三二）に立売りを行った農民と青物問屋とのあいだで争論が起きるが、天保七年に双方が立売り場所、口銭などを取り決めることで合意し、その結果、農民の立売りが継続され、のちこれらは中小の青物市場に発展する。

その他、蔬菜を江戸へ販売する上層農民と、彼らへ蔬菜を販売する中下層農民とのあいだで争論が起きたが、このような蔬菜売買をめぐる争論は、問屋の蔬菜集荷能力が次第に低下し、近世後期以降に問屋を中心とした蔬菜集荷機構が解体していったことを示している。

参考文献

神田市場協会・神田市場史刊行会編『神田市場史』飯塚浩二監修、神田市場協会、一九六八年
北区史編纂調査会『北区史』東京都北区、一九九六年
加藤貴編『大江戸歴史の風景』山川出版社、一九九九年

湯島・本郷・小石川への食糧・食材の供給

森朋久

食糧・食材の供給

湯島・本郷・小石川の大部分は武家屋敷・町屋敷・寺社地で構成され、武家地は加賀・水戸・福山・岡崎各藩等をはじめとする敷地の広い武家屋敷が集中する一方で、旗本・御家人の小規模の屋敷地が存在する。寺社もたとえば護国寺および、護国寺より音羽一丁目－九丁目、神田上水・江戸川北岸、関口水道町まで広がる門前町、伝通院および周辺門前町、白山神社およびその周辺門前町、不忍池に隣接する根津権現および宮永町のように大規模な寺社地が存在する一方で、二、三または数軒の寺社が集まって形成された寺町も数多く存在する。町屋敷はそのあいだを埋める一方で、湯島から本郷、本駒込または巣鴨にかけては、中山道や日光御成街道に沿って町並みが展開する。このように江戸城外堀の外側に展開する当地域には、数多くの武家・町人・宗教関係者が居住しており、日常生活や商売用の食糧・食材をはじめとする消費物資を日々大量に消費していた。食料需要を満たす飲食店として、広重の浮世絵に描かれ、料理屋番付にも載る、湯島の松琴亭や白山の万金、料理屋番付にみられる湯島の松金屋・松保亭・魚長、本郷の松吉・丸金・かめや（おかめ庵）、白山の石ばし・玉三があり（図1、2）、さらに蒲焼やとして湯島の椎木、本郷三丁目の伊勢屋等もあった。また、食料や食材需要を満たしたのが、米穀は米穀問屋、酒や醤油、味噌等の加工品は諸問屋や商家であり、野菜・蔬菜類は青物市場、鮮魚は主に日本橋魚市場である。

図1　（上）湯島の料理屋「松琴亭」よりの眺め。（下）白山の即席料理屋「万金」の様子。ともに歌川広重《江戸高名会亭尽》（天保期、文京ふるさと歴史館蔵）より

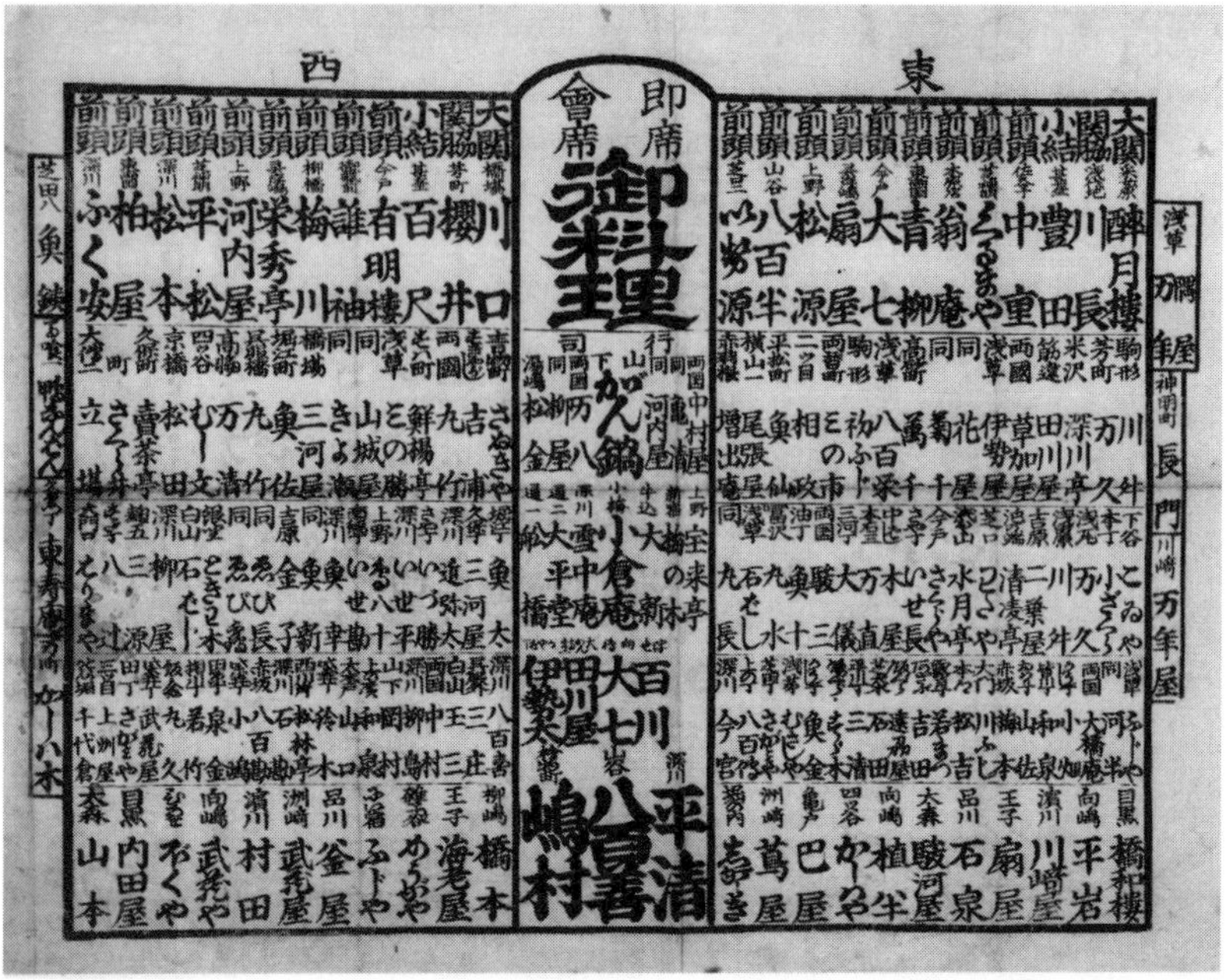

図２　料理屋番付「即席会席御料理」（江戸時代末期か）、文京ふるさと歴史館蔵。湯島の松金、白山の石ばし、玉三、本郷の松吉などの料理屋がみられる

米穀に関しては、一般的に年貢米は札差・用達商人および藩蔵屋敷・米会所を経由し、商人米のうち上方米は下り米問屋、関東米・奥州米は関東米穀三組問屋・地廻り米穀問屋を経由して、それぞれ米仲買または脇店八ヶ所米屋に渡り、現在の米屋にあたる春米屋《つきこめや》で精米され、白米となり消費者に至った。米穀問屋や春米屋は江戸市中の町屋敷各所に点在し、文京区域でも米穀問屋は、地廻り米穀問屋と脇店八ヶ所米屋を兼ねたものが嘉永四年（一八五一）において、かつて駒込市場が存在した向丘に七軒、本駒込に六軒、水道に五軒、本郷に四軒あり、その他、根津・湯島・白山・小石川・春日・大塚・小日向・関口・目白台に各一軒存在した。このほか、江戸市中の陸上交通の玄関である日光道中の千住宿、中山道の板橋宿、甲州道中の内藤新宿西側に隣接する淀橋・成子や同様の街道筋には陸付米穀問屋が存在した。陸付米穀問屋は、江戸市中の米穀問屋よりも新興であったが、交通の要所にあり青物市場をともなう経済的な有利さから既存の米穀問屋と競合し、時には営業権を争うこともあったといわれる。

また湯島・本郷地区は、日本橋・神田から駒込、巣鴨・板橋方面に向けて中山道および日光御成道が通り、青物の供給に関しては神田市場との関係、鮮魚の供給に関しては日本橋魚河岸との関係が考えられる。

青物市場は、湯島および「本郷もかねやすまでは江戸の内」と言い習わされた本郷三丁目までは町屋敷でも大商家や飲食店が群集しており、比較的距離が近く、江戸町人地の中心地にあり江戸城青物御用をつとめる御納屋または青物役所が存在する神田市場の強い影響下にあったと考えられるが、その一方で本郷・小石川は近隣に位置する駒込市場の市場圏でもあったと考えられる。

鮮魚および鳥の供給

鮮魚に関しては、「本郷肴町」「駒込肴町」といった地名からかつて魚市場が存在していたと思われるが、江戸中期以降は本小田原町・本船町（中央区）を中心とする日本橋魚河岸が江戸市中への鮮魚供給をほぼ独占するようになる。日本橋魚河岸は、鮮魚を積み込んだ押送舟が数多く航行する江戸湾に近く、専用の河岸（船着き場）をもち、荷揚げと手分け用の平田舟や鮮魚を競りまでいったん保管し、魚の鮮度を保つ板舟（売場、生簀）を常時保持していたことが、他魚市場の追従を許さなかった要因と考えられる。ただし、鮮魚のうち鯉・鮒など川魚に関しては、江戸城納入の由緒、つまり江戸初期からの江戸城川魚献納の由緒をもつ、千住宿の隅田川沿いに位置する千住組魚問屋（千住魚市場、足立区）からも供給された。千住組魚問屋は、寛永八年（一六三一）から問屋八名が、江戸城に毎年七月一五・一六日に川魚（鯉・鮒）を献納し、のち安永八年（一七七九）に現物献上から銭納に変わる。この由緒から享保年間頃から千住での取り引きが活発化し、幕末期になると浅草をはじめ江戸市中の繁華街へ鯉など高級川魚を納入していた。この千住組魚問屋の活動は、日本橋魚市場にとっては目に余る行動であり、日本橋魚市場は千住組魚問屋の江戸市中への直接取り引きの差し止めを幕府に訴えた。千住組魚問屋はその答状に、水戸藩江戸屋敷への献上の由緒を語っている。同藩は、千住宿で奥州道中から分岐する水戸佐倉道のうち、新宿《にいじゅく》（葛飾区）でさらに佐倉道と分岐する水戸道の終点・水戸に居城があり、同藩の重臣や諸役人は千住宿を経由して水戸と江戸を頻繁に往来した。水戸佐倉道の沿道に魚問屋が存在したことから、千住組魚問屋と水戸藩江戸屋敷との関係も生じ、のち緊密になったと考えられ、小石川・本郷等の水戸藩江戸屋敷に同問屋の出入りもあったと想定される。

肉類のうち江戸の人々に比較的食された鳥肉を扱う水鳥・岡鳥問屋の場合は、岡鳥問屋八名のうち六名は、小石川地区の伝通院近隣の上・中・下富坂町に在住した。富坂町は慶長年間、将軍の鷹狩りのときに放鷹される御鷹の餌となる諸鳥を取り扱う餌差衆の拝領地であった由緒をもち、この由緒にちなみ元禄年間（一六八八－一七〇四）までは上・中・下餌差町といった。しかし、五代将軍綱吉の重点政策である生類憐み令の発令に合わせて鷹狩りが禁じられるのと同時期、元禄六年（一六九五）に町方支配となり、古くは鳶坂とも言った富坂にちなみ、上・中・下富坂町と町名改名されたという。鷹狩りにちなむ重要施設である鷹師頭部屋は、富坂町に比較的近く、同町東北の下駒込村（文京区　戸田氏管轄千駄木御鷹部屋）と同町西北の雑司ヶ谷村（文京区・豊島区　小栗氏管轄雑司ヶ谷鷹部屋）に存在した。富坂町の岡鳥問屋は両鷹部屋と密接な関係があり、御鷹の餌の供給御用を担い、そのかたわら余剰となる餌鳥を販売したのであろう。

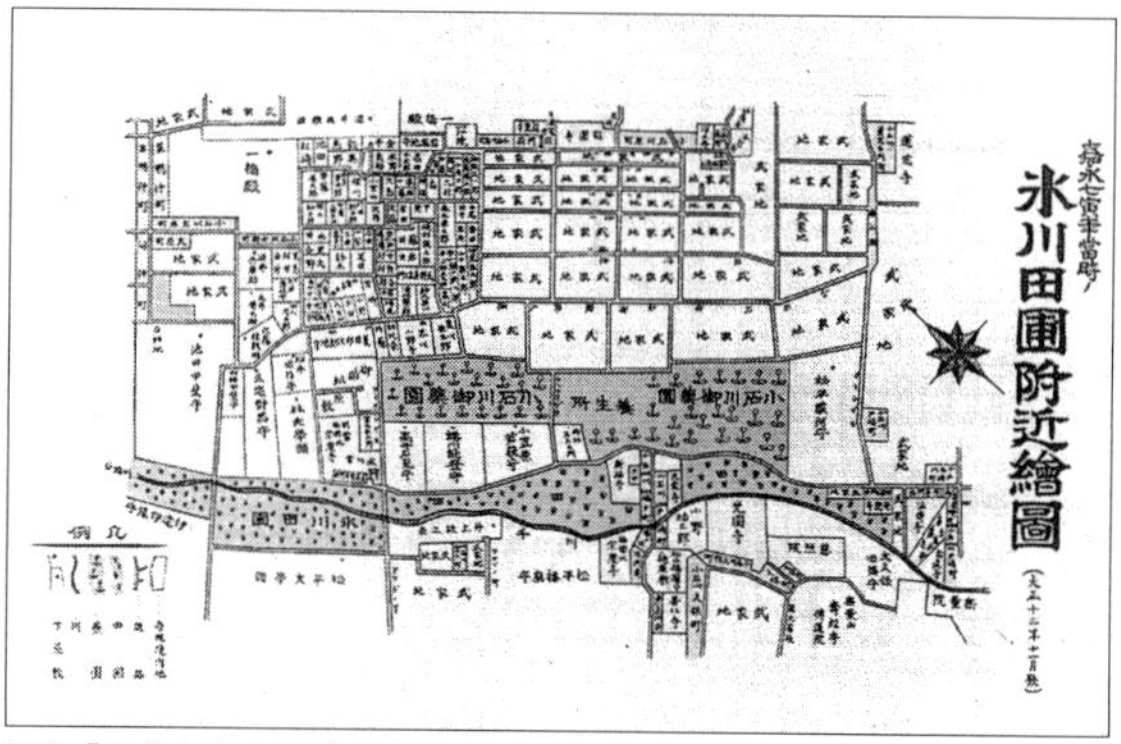

図３「嘉永七寅年当時ノ氷川田圃付近絵図」。市川虎之助著『氷川田圃』(1924、文京ふるさと歴史館蔵）より。現千石・大塚付近、千川流域の低地に展開する田圃の概念図である

小石川地区での農業

小石川地区の低地部のうち、とくに小石川大下水に沿った小石川御薬園以北大塚方面に広がる小石川村・同新田、下駒込村に比較的まとまって田が展開し、同下水沿いの小石川久堅町、神田上水・江戸川に面した関口町・桜木町から護国寺門前の音羽二－九丁目、同寺に隣接した東・西青柳町・大塚坂下町・大塚久保町、千石の小石川大原町等にも点在した。しかし、明治初期に七町歩を超す面積のある小石川村・小石川新田および下駒込村、一町四反歩余の関口町、五反歩弱の東青柳町を除けば一－二反歩又はそのほとんどが一反歩未満と田は僅少であった。これらの田で収穫された米は、大部分が年貢米となるので、商売米として直接文京地域の人々に供給されるということではなかった。

近郊農村へ種を供給する種屋

本来生産農家は、食用の前栽物とともにその種もつくるが、練馬など西郊農村の農民は江戸向けの食用の大根・人参・牛蒡《ごぼう》の栽培および沢庵製造を専業化して、種は他から移入するようになる。種の供給を担ったのが、滝野川村（北区）をはじめその周辺の中山道沿いの村々である。その後、元禄年間（一六八八―一七〇四）に牛蒡の種、享和年間（一八〇一―一八〇四）に人参の種というようにさまざまな蔬菜の種を販売するようになったという。販売される種は非常に生産性がよく、その名声は中山道沿いに広がり、近在の農家ばかりでなく上州等北関東、さらに上方など遠方までも種がもたらされたという。おそらく文京区の中山道沿いにも種屋はあり、また文京区の農家も滝野川周辺の種屋の種を移入したと思われる。

参考文献

東京都中央卸売市場『東京都中央卸売市場史』東京都卸売市場、一九五八年
小木新造他『江戸東京学事典』三省堂、一九八七年
足立風土記編さん委員会『絵で見る年表　足立風土記』足立区教育委員会、一九九二年
文京ふるさと歴史館編『平成13年度特別展図録　小石川と本郷の米物語――商う・作る・食べる』文京区教育委員会、二〇〇一年
『練馬の種子屋』練馬区教育委員会、二〇〇二年
根崎光男『犬と鷹の江戸時代』吉川弘文館、二〇一六年

第4章

武家地の変遷と山の手住宅地の誕生

小笠原
若狭守
鈴木
大久保

都市の中身がころっと変わった

樺山紘一×伊藤毅

伊藤　今回は文京区の住宅地の形成についてのお話をしたいと思います。文京区は武家地が多かったわけで、しかも加賀藩や水戸藩、あるいは榊原屋敷といった大きな武家（大名）屋敷があったと同時に、幕臣屋敷も数多く存在し、さらに組屋敷も含めますとさまざまな武家地が多様な地形条件のなかで展開していたということができます。今回はそれらを中心に取り上げます。主として幕末から明治にかけての変遷をみるわけですが、できれば明治以降、戦前期くらいまで、段階的に文京区の住というものがどういうふうに形成されていくのかを追跡したいと考えます。文京区は先生が生まれ育った場所でもありますので、実体験も織り交ぜながらお聞きしていきたいと思います。対談は「文」から「武」を経て「住」へと展開することになりますと。

「なかったら？」というシリーズでいうと今回はどうなるのかと思ったのですが、「武家地がなかったら？」というのはあまり意味のない設問になりかねません。武家地がなければ、東京大学もなかったしし、砲兵工廠もなかったことになりますので、武家地は全体のテーマにもかかわる根本的なテーマかもしれません。今日は今までの武家屋敷の近代的な機能転換、たとえば教育機関へとか、あるいは公園へとか、そういう語られ尽くしたこと、あるいは近代住宅地の成立ということで、森田さんが編集・執筆された山口廣編『郊外住宅地の系譜』（鹿島出版会、一九八七）のなかにも西片が取り上げられていて、大和郷も入っていますが、そういうわりあい定番的な近代住宅地形成は、もちろん重要ですけれども、ひとまず措いておいて、ここではできれば幕末から明治、大正、戦前までの住の形成過程の段階的な変化というのを見ていきたいということがひとつ。二つ目には、東京全体で近代住宅地の形成というのはいろんな意味で重要なテーマですが、とりわけ文京区を考えた場合にどのような特異性が見出されるかということが問題になります。何度も話題に出てきた地形の問題ですね。台地とか、谷とか、多様な地形を下敷きにして文京区の住というものが形成されてきた。そこをできるだけ浮き彫りにしたいというのが今回の趣旨です。

幕末から明治維新期の人口変動

伊藤　幕末・維新期の江戸から東京への期間の動乱というのはよく指摘されているわけですけども、小木新造『東京庶民生活史研究』（日本放送出版協会、一九七九）の三七頁の表は幕末から明治にかけての江戸・東京の人口の変化が一覧できる便利な資料です。江戸は最大で一三〇万くらいまでいっただろうと言われていますが、幕末を経て明治二年（一八六九）の一五区全体の人口をみると五〇万ということで、半分以上減っています。これは明治五年までずっと減り続けて、明治初期の東京がいかに空洞化していたかということがわかります。ようやく明治五年くらいから徐々に復活していきますが、一〇〇万人台に達するのは明治一八、一九年を待たなければなりません。まだこれでも江戸の規模には届いていないわけです。よくいわれるように、明治初期の東京は本当に動乱で人口が減って衰微していたわけです。

　とりわけ武家地の空洞化ということがいろいろな研究者から指摘されています。明治二年というのはいくつか武家地に関する重要な変化があった年で、ひとつは沽券《こけん》状▼の改正というのがこの年にありまして、江戸以来、沽券状、土地の登記みたいなものなのですが、それまで江戸の寸法は田舎間と京間が混在していたわけですが、一間が六尺五寸であったりあるいは六尺だったりで、統一がとれていませんでした。これが明治二年になると、おそらく土地の売買にともなう動きが激しかったので、沽券状を改正して六尺で一間というふうに統一しました。それから武家地にあまりにもゴミが捨ててあったりしてひどいので、武家地清掃令が出たり、あるいは武家地の地代を調べさせて書き上げさせて、それで上中下のランクづけをしたり、とにかく明治に入ってまだ幕末維新期の混乱がおさまらないなか、土地の問題がにわかに浮上し、明治四年になってようやく地租改正がスタートします。これ以降、武家地という言葉がなくなり、ようやく近代的な土地制度へとかわっていくわけです。

　維新後の武家地というのはだいたい三つくらいの状況だったようで、ひとつは華族、士族に与えるというタイプ。第二に、上地《あげち》▼して朝廷に戻してそれを開墾をするタイプ。さらに

▼家屋敷の売渡しを証する書面。

▼民間の土地を政府に召し上げること。

それを貸し付けるという三つのタイプがあったようですが、いずれにしても空洞化して売買されたり、あるいは全然人が住めなかったり、そういうなかで払い下げが進展していくということになります。このあたりの幕末・維新期のことで、資料もあまりないのでよくわからない状況なのですが、何か先生がご存じの話題があればぜひおうかがいしたいと思います。

樺山　残念ながら、存じません。ただ、これを考えるためには、明治維新の対比対象としてロンドンとパリを捉えるとおもしろいでしょう。それぞれ多少時代が違いますが、パリの場合は大革命ですし、ロンドンの場合には少し遡りますが、ロンドン大火▼でしょうか。どちらも大騒動であって、大火のようにほとんどが焼けてしまったとか、革命のように貴族が脱出して旧所在地が空洞化したとか。ただし両方のケースとも、明治維新ほどラディカルには変わっていないんですよね。

江戸・東京の場合には、江戸に来ていた藩邸と、それに付属する居住地などがほぼ全部空洞化したわけだから、非常にラディカルに変動したわけですよね。でもそれは考えてみれば当たり前のことで、江戸に集めていたのが祖国に帰ってしまったわけだから、物理的にはいったんは破滅状態に陥ったわけですね。むしろそれよりは、その壊滅と空白からの回復が早いというほうに逆に驚きますね。明治一八年か一九年でもってほぼ一気に復旧して住人たちは戻ってくるという。あの時期の生産力と建築・建造能力等を前提に考えると、一〇年余りで人口が元に戻るというのは驚くべきことですよね。おそらく本郷、小石川でも事情は同じだったろうと思

▼一六六六年にロンドンで起こった火事。中世都市ロンドンは焼失し、木造建築の禁止などからなる建築規制やセント・ポール大聖堂などの復興が行われた。

います。この辺にあった藩邸はほとんどみんな国に帰ったと思いますよね。水戸藩だけじゃなくて、比較的小さい藩の藩邸がずいぶんあったようだけれども、それもほとんど帰ってしまった。ところが二〇年後に、同じ人たちではなく全然違う人たちが入ってきた。そしてもとの人口水準を超していたということで、そちらのほうが驚きですよね。

伊藤　そう言われてみればそうですね。換骨奪胎ではないですが、都市の中身がころっと変わってしまった。

樺山　そうなんですね。もちろん戻ってきた旧武家もいただろうけれども、さまざまな種類の新たな流入人口があった。実は私の母方の先祖もそうなんです。明治二六年頃に田舎から出てくるんですけど、それまでは神奈川県の丹沢山地の入り口くらいのところで庄屋をやっていた。ただの百姓の頭程度だったんだけども、それが青雲の志を抱いて東京に出てくるんですね。それでまだ竹藪だらけだった白山の地に土地を買って、本当に丁稚働きに近いレベルから始まるんだろう。こういう人たちが明治一〇年代から二〇年代にかけて次々とやってきた。旧侍地でもって空いていた場所、ほとんど空隙地だったところを、そこを経済活動と居住地に変えていったんでしょうね。その復元力というか、展開力というか、これは近代巨大都市としては目覚ましい例だと思いますね。

伊藤　そういう見方は今までほとんどなかったように思います。確かに二〇年以内にはもう回復していたわけですね。

樺山　ええ。維新の際のダメージの大きさよりは復元力の大きさのほうがむしろ驚きだという感じがするんですよね。

伊藤　明治政府はこの段階ではそれほど安定していなくて、まだ岩倉使節団が欧米へ視察に行っている時期ですから、内政のほうはうまくいっていなくて、これから地租改正をやり、版籍奉還をやり、廃藩置県をやりとかいう、課題は山積していたはずです。だんだんとそれがうまくいって軌道に乗ってくるということですので、幕末から明治の維新期というのは、まだ政府自体もこの先どうなるかわからない。そういうところに新たに外からどんどん人々が東京に入ってきて、いつの間にか住み着いていくというその民衆のエネルギーですよね。それが東京という都市をだんだんに復元していったということになると思います。

次に、これはぜひ松山恵さんにもいろいろ教えていただきたいのですが、徳川家が東京を出てしまって残された幕臣たちはたいへん困ったわけですけども、まず明治元年から禄制改革が始まって、これは禄をかなり低く抑えたかたちで改革されたということがありました。彼らもたいへん生活に困窮して、たとえば自分の屋敷を改造して商店を経営して古道具屋をやったり、あるいは貸座敷にちょっと手を出したりします。貸座敷はその後禁止されるんですけど、たとえば『新聞雑誌』という雑誌には「旧邸長屋まわりすべて町家となし貸付盛んなり」と書いてある。そういうふうになんとか手持ちの財産をやりくりしながら生き延びている人もいれば、郭外に移住して町家に住んでしまう幕臣もいたりした。

それから、もう全部自分の土地を上地して、徳川家のいる駿府に馳せ参じるという侍も大勢いた。いわゆる無禄移住者という存在ですね。もう禄のない侍が六〇〇〇人に及んだということで、明治維新になって、徳川家が駿府に移るのを追いかけて移住します。東京に残るのか、帰農するのか、無禄移住かという、そういう三者のなかからどれか選ばなければいけないということで、ほうほうの体でこちらのほうに移ってくるのですが、そのときの移住の仕方がたいへんだったようで、売り出された武家住宅を買い取って、それを解体して筏に組んで品川沖から舟で曳航していって、沼津港に着いたらそれを解体してその部材を再利用して家をつくって住んだ。そのくらいたいへんな思いをして移住した人たちもいるという▼。

こういう事例からもわかるようにこの頃の幕臣は本当にたいへんな時期を迎えるわけですが、このあたりの動向について松山さんから教えていただきたいということと、それからこれも松山さんの研究にもあったように明治になって郭内と郭外というのはわりあいはっきりと分かれるかたちで東京は捉え直されるわけですが、それと大名と幕臣というカテゴリー、そういうものが全体としてどう動いていったのかということについて、何かご存じの点があれば教えていただきたいと思います。

松山　維新期における幕臣（旗本、御家人）の身の振り方としては、朝臣化して新政府の扶助を受けるか、あるいはそれとは異なる道を歩むかの、大きくふたつに分かれます。幕末期、幕臣の数は三万二〇〇〇人あまりと推計されていますが、前者は五〇〇〇人程度にとどまりました

▼沼津兵学校附属小学校の前身にあたる代戯館の資料による。

ので、大半（二万七〇〇〇人ほど）が後者の道を選んだことになります。実際にはその二万七〇〇〇人ほどが歩んでいった道も多様で、まず、旧将軍家を継いだ徳川家達に従って駿河に移住するにしても、徳川家自身が大幅に知行を減らしていますので、うち禄を得られたのは数千人ほどで、約六五〇〇人は無禄覚悟の移住であったといわれます。一方で、そもそも武士を捨てて帰農・帰商するタイプもけっこう多く、一万人前後にのぼったようです。こうした過程については、落合弘樹さんの『秩禄処分――明治維新と武士のリストラ』（中央公論新社、一九九九年）などに詳しいです。

伊藤　彼らのなかには、帰農する人は別として、また東京に戻ってくる人もいますよね。

松山　個人的な話をするのは少々気が引けますが、私の曽祖父は無禄で移住したタイプだったようです。もともと船手組▼で、移住したのち沼津兵学校に入ったりもしていますが、結局東京のほうで仕事を見つけ、戻ったのは明治六年頃と聞いています。のちに東京商船大学（現・東京海洋大学）になる三菱商船学校に、おそらくは船手組であったことを活かして職を得たようで、明治初中期には浜町に住んでいたようです。静岡ではたいへん苦労したことも、祖父などから間接的には聞いています。

樺山　来られたほうもたいへんな迷惑だったに違いない。なにせ今の静岡県だけで数万人だと言われていますけど、そのうちのかなりの人に選ばれたのは沼津なんですよね。兵学校をあそこに設立して、沼津で引き取ろうということで、それから現在の沼津駅の周辺の土地になるの

▼江戸幕府番方の職制。水軍。

かな。帰農する人たちもそこに入れということだったけども、とても収容できない。収容できないからしょうがない、駿府の西側にある丘の上を再開発しなければならない。そういう二段階でいったみたいですね。ところで沼津兵学校ですが、兵学校として、西周を頭取に呼んできたが、何百、何千人の旧幕臣と関係者をどうしようかということが重大な問題だった。兵学校に付属小学校をつくりますけども。日本で最初の初等学校で、旧幕臣の子弟を念頭に置いたけれど、入学させる人たちの親にほとんど収入がないわけだからたいへん困ったという。

伊藤　ちょっと話は先にとびますが、あとで出てくる桑茶令が発布され、明治二年東京府物産局に開墾科というのが設置されて、職のない人六〇〇〇人くらいが開墾事業に派遣されている。それと桑茶令とがセットで動いているわけです。本当に職を失った人が溢れるほどいて、大勢の人々が移住し開墾事業に駆り出されたと。

樺山　いわゆる士族授産▼というのはもう少しあとで、一応政府の方針として着手したのは明治一〇年代になってからなんですよね。士族授産になる前の明治三年とか五年とかそういう時期の話ですから、計画的な着手ができるわけがないんですよね。

伊藤　そうですね。江戸はかなり広い範囲まで拡大した巨大都市だったわけですが、明治に入って郭内のまとまった場所をとにかく都市として再生していこうというかたちで、郭内と郭外という感覚をみんながもちますし、それから大名と幕臣は本来ずいぶん身分的にも違っていたわけですが、フランスやイギリスとはかたちは違いますが、一種の大革命みたいなものが進

▼明治維新後、秩禄処分などで困窮した士族に対して政府や府県庁が行った一連の救済策。

行し、ドラスティックな変化のなかでみんなが右往左往していたわけですけれども、それもだんだん落ち着いてくるわけですね。

版籍奉還と華族の誕生

伊藤　二つ目の話題に移ります。以上のような動乱期を経て明治二年に版籍奉還が行われ、このときに華族が誕生します。明治二年に公家と諸侯大名を両方あわせて華族と呼ぶことにしたわけですが、これが実際、制度上きちんと位置づけられるのは明治一七年を待たなければいけない。明治一七年七月に華族令が発布され、ここで三タイプの華族が確定します。公家、大名、戦争で勲功をあげた人たちが華族に列せられます。明治二年の段階では四二七家だったのが、明治一七年で五一二家に増え、最大だった昭和八年には九五八家と倍以上の数に達します。明治二〇年と大正五年段階の文京区の華族の住所録をみても、その急激な増え方が一目瞭然です。こういうかたちで華族という新たなカテゴリーが成立して、彼らの住宅が東京のなかに根づいていきます。

次に先ほどの小木新造さんの『東京庶民生活史研究』には、明治三〇年代の華族たちということで、文京区に居住した華族の名前が列挙されています。麴町などの中心部はもっと多かったわけですが、文京区もそれに負けず劣らずかなり多くて、彼らの住宅が成立することになります。また明治七年の華族としては本多家、細川家、板倉家、松平家などかなり名の知られた華族が散見されます。明治初期、動乱のなか、このようにだんだんと華族が成立し、東京のなかに屋敷を構えていくというかたちでスタートしていきます。

一方、やはり武家屋敷はかなり空洞化していて、そこを何らかのかたちで再利用しなければならないということで、大木喬任《たかとう》▼の桑茶令が出される。文京区は華族の住宅ができる一方で、かなり桑茶栽培が広かったようで、東京全体の桑茶栽培面積の三分の一が文京区で占められていたと『文京区史』にあります。とりわけ小石川は桑茶栽培をかなり熱心に忠実にやったようで、それが小石川がずっと農村としての性格を残した原因だとも言われていますが、われわれの研究室で松山さんと一緒に白山・丸山地区の調査したときに、幕臣屋敷のあったところがかなり桑茶畑になっていて、牧啓次郎《まきけいじろう》という人物がいたということが松山さんの研究でわかっています。彼は須坂からやってきた人です。

このあたりのことは先ほど先生がおっしゃった復元力が高まる前の状況なのですが、ひとつは華族の成立ということと、もうひとつは、とはいえまだ農村的な部分を残しているというか、むしろ積極的に農村化するようなことも起きていて、その二つのベクトルが東京の初期には渦巻いていたわけです。この華族たちはどのようにして成立したかとか、なぜこういう場所に土地を選んだのか、その辺について先生は何かご存じでしょうか。

樺山　それに関連してのことですが、明治の華族制度の発足後、華族に登記してくれという申請書があったという。『〈華族爵位〉請願人名辞典』（二〇一五）という興味深い参考文献が吉川

▼（一八三二–一八九九）政治家。東京府知事などを務めた。江戸を東京とすること（東京奠都）に尽力。文部卿として学制を制定。

弘文館から刊行されましたが、じつに多くの自薦があり、それぞれの履歴があっておもしろいですね。

伊藤　いかに自分の家系が華族にふさわしいか、ということですね。

樺山　そう。家系から始まって、もちろん旧二六〇藩ほどに所属していれば事は簡単なんだけれども、むしろメリトクラシー〔能力主義〕で自分も加えてくれといった、そういう人たちはみんな自分の家系のメリットを主張しなければいけなかったわけだから、それを公式文書でもって申請したんですね。九〇〇人分、収録されているそうです。

それで最終的に華族の数は九五八までいくでしょう。初めははるかにもっと数が少なかったわけだから、そのなかでもってラッキーにこれに登録された人と、そうではない人がたぶんいたんでしょうね。かなりの数の人間がこのなかに候補として挙がっていたんでしょうね。これには不受理の人も入っていたわけだ。

伊藤　そうすると、おおざっぱに見て、最大で九百五十数人ですし、あとから勲功華族が増えていきますので、勲功のほうは別としても潜在的にはかなりいたということですね。彼らは、華族になるということがひとつありますけど、もうひとつどこに住むのかという問題もありますよね。京都という選択肢もあるわけですけども……。

樺山　いわゆる公家系の華族はもう当初から江戸・東京に住まいももっていたし、社会的地位ももっていたから別です。ところが、武家・大名系で東京に住地を維持したり獲得したりする場合には華族に相当するような面目も立てなければいけないので、無理して土地を取得して建造物も建てたはずですよね。

伊藤　華族にふさわしい土地と、構えが必要なわけですね。

樺山　そうでしょうね。やはり江戸の侍屋敷地、および藩邸を念頭に置きながら、それを更新するようなかたちでの居住地、あるいは建造物が必要だと考えたでしょうね。

伊藤　そうでしょうね。竹内正浩さんの『カラー版 地図と愉しむ東京歴史散歩　お屋敷のすべて篇』（中公新書）に出てくる華族の住宅を見ていると、不思議なデザインの建築もけっこうあって、和洋折衷であったり、洋風であったり、かなり自由です。ですから武家屋敷とは少し異なる意匠をまとうことが当然あったと。

樺山　当然それに相当する建築家がいて、洋風・擬洋風▼とまでは言わないまでも、従来の武家風ではない、何か特有の建造物のことを念頭に置いたと思いますよね。

伊藤　何となく普通に考えると武家屋敷から華族邸宅へというふうに、わりあい素直にイメージしちゃいますけど、やはりそこで大きく何か一回ギャップがあって、華族という新しいカテゴリーのなかでもう一度都市に住まうということになるわけですね。それくらい大きな変化だったかもしれませんね。

樺山　今の言葉でいう山の手地区に相当していますよね。今の区でいうと、千代田区は別としても、港区、文京区、新宿区という山の手三区ですよね。

▼擬洋風建築。明治時代初期に主に近世以来の技術を身につけた大工棟梁によって設計・施工された建築。日本各地に建てられた。

伊藤　このときにできていく華族の住宅というのは、もちろん武家屋敷が建っていたところが多かったでしょうけれども、新たな土地に対するプレスティージのような概念が、江戸時代以来のものを継承しているのか、あるいは近代になって新たに生成してきたのか、なかなか難しいですね。

樺山　そうですね。難しいし、よくわからないけれども、ただ、もちろん空隙地、空いている土地でなければできないし、水利であるとか、交通路であるとか、いろんな条件から決まるわけですが、東京の中心からそんなに遠くに離れるわけはないですよね。たとえば一番考えやすいのは、今の国道246、青山通りですが、あれだって青山一丁目、二丁目くらいまでは早くから屋敷地になったけれども、六丁目から渋谷にかけてははるかに後だと思いますよね。

伊藤　中心からの距離とか、都市の大きさみたいなもののイメージが当然あって、そのなかである程度空いている場所でということだったでしょうね。

樺山　余計な話ですけど、少しあとの明治三〇年代末くらいの話なのですが、うちの祖母は娘時代には、今の青山六丁目から渋谷にかけて坂を下っていく、その宮益坂あたりに住んでいたのだそうです。青山村と渋谷村にかけての土地です。そこから実践女学院、今の実践女子大のあるところに通っていたのだそうです。そのあたりはとても寂しいところで、夕方遅くなると本当に野中の一本道を歩くような感じだったという。そこへお父さんが、提灯をもって迎えにきたという。今はあの繁華な渋谷は、明治二〇年、三〇年代は完全にまだ都市の郊外だったんでしょうね。ちょうど国木田独歩の『武蔵野』の世界だ。

森田　農大があったくらいだった。

樺山　そう。農大もあったし、青山に陸軍の演習地があった。

伊藤　今からはなかなか想像しにくいですけれども、青山も明治期は本当に外れている感じがあったわけですね。

松山　ここまでの話に関連して思うのは、ひとくちに華族といっても、公家華族と大名華族、そのあと勲功華族も出てきますが、大名華族と公家華族は同じ華族というカテゴリーに列するわけですけれども、明治新政府の対応はまったく異なっています。大名華族というのは、廃藩置県（明治四年七月）の直前から明治二〇年代初頭までは原則、東京に居住していなければいけなかったんです。廃藩置県という新政府の中央集権化の遂行のために、旧領地とは政治的な関係をほとんど無理やりに断ち切られるかたちで東京に移住させられたんです。もちろん何かしらの不動産なりはもっていたりはするでしょうけれども。

樺山　新しい参勤交代だったと。

松山　ある意味では、そういう側面もあったと思います。

樺山　明治スタイルの参勤交代で、でもしょっちゅう国元にいたんじゃどうにもならないから。

松山　やはり原則、明治二〇年代初頭までは東京を拠点としなければならなかったと思います。一方で公家華族については、新政府からみて、大名華族のように緊急に対処する必要性は低かった。そもそも彼らは「再幸」（明治二年三月末）のあたりから事実上の東京遷都の動きを敏感に感じ取り、むしろ自ら東京行きを希望して、実際にほとんどの公家華族が明治初年のうちに移住を果たしていきます。ただ、もちろん例外はあって、それこそ冷泉家は行かないですし、それから神保町のすずらん通りに現在TAKANOという紅茶専門店がありますが、あそこは蹴鞠で有名な高野家だそうです。明治初年の段階では依然京都で頑張っていたそうですが、確か明治二〇年代には東京に来なければ立ち行かなくなったようなことをうかがったことがあります。

樺山　同じ蹴鞠でも飛鳥井家は京都に残っている。

松山　京都での人的なつながりや資産の側面も大きいかもしれませんね。あと、これは明治二〇年代東京における華族らの住所録ですが、私の知っている限りでも、明治初年のそれからはけっこう変わっています。たとえば公家華族は、明治一桁の移住の際、京都のいわゆる公家町の屋敷と、東京の主には旧幕臣屋敷とを同坪数で交換するということをやるんです。前者を上地して、新政府がすでに没収していた武家地をあらためて下賜してもらうというかたちです。中心部（「郭内」）の駿河台や神保町、小川町のあたりにあった旧幕臣屋敷が対象です。

伊藤　華族は駿河台が多いですね。

松山　多いですね。一部、番町などにもありましたが。いま住所録を見ていると、たとえば坊城家は初め、現在のアテネフランセあたりに土地を得たと思いますが、明治二〇年代には異なるところにお住まいだったようですね。

伊藤　最初はまず拝領で来て、そのあとで適地を探してまた移ると。

松山　明治の中頃には、現在の神楽坂の東側一帯や江戸川橋あたりの比較的高台のほうに、ある程度の数の家が移っていったようですね。こうした旧公家たちの東京での屋敷獲得の背景に、どのようなマーケットの生成があったかはわかりませんが、何かはあったのだろうと思います。

伊藤　どういうふうにして京都から公家が大挙して東京に移動してきたかというのは非常に興味がある。京都から東京への移住というのはよほどの覚悟がいるはず。普通なら大抵は行かないと思うけれども。

樺山　京都でよほど不如意なことがなければね。

伊藤　でも天皇がこっちに来ちゃったというのがやはり一番大きいですよね。

松山　ええ。天皇が来て、あと決定打となったのが明治二年一〇月の皇后行啓です。この皇后が東京に行くというときには、京都ではいわばデモが起き、人々が行くな、という直接行動も起こしています。他方で、その前後から公家華族たちは新政府に対して、京都の屋敷を上地して東京に屋敷を欲しいということを再三願い出ている、そうした記録が残っています。

伊藤　それまでは京都に戻ってくるかもしれないとみんな思っていたんだろう。

樺山　今でも思っている人はいる（笑）。

伊藤　皇后が行っちゃったらしょうがないと、そこで雪崩打つように行ったわけですね。

松山　それでも京都への親しみというのはやはりあって、有名な話ですが、明治一〇年代半ば以降、それこそ岩倉具視などの旧公家・皇族らを中心として京都を「古都」として復興させる動きが進展します。ロシアにおける、政治的首都・サンクトペテルブルグと古都・モスクワの二都制を真似るかたちで、京都を伝統文化の都に、もっといえば、高木博志さんが指摘するように（近代）天皇制を歴史的・文化的に顕現する空間としての整備が盛んに行われていきます。ただし、自らの本拠自体は早々に東京に移す人は多かったと。

伊藤　彼らは東京に来てどういう住宅に住んだのでしょうか。

松山　住宅付きの旧幕臣屋敷を多くの場合拝領していますので、建築的には同じものを使っていたのだと思います。その関連史料は東京都公文書館に残っています。ただ、もちろん彼らの生活様式に合わないところはあったでしょうから、先述のように比較的早々に移住していったのかもしれません。その際「郭内」の土地の価格は、維新期のそれに比べれば、いわゆる松方デフレの影響などでかなり値上がりしていたと考えられますので、彼らにとってみれば貴重な資産、元手になったと思います。

樺山　先ほどパリの場合は革命、ロンドンの場合は大火と言いましたが、両方ともそのあとに建築ブームがくるんですよ。大火の場合はもちろんそうだけれども、大革命後のフランスでも一八二〇年代から建築ブームがきまして、それがナポレオン三世時代の一八五〇、六〇年代くらいまで続いて、その建物がいまだに残っている。中心部分の第一区・二区はその建物が今も引き継がれている。まもなく二〇〇年ですけどね。そういう建築ブームがくるんだけれども、ということが東京についても起こりえたはずですよね。

伊藤　そうですよね。ただ建築家というのがそれほどまだ日本の場合にはできていないということがあって、ちょっとその辺が少しずれているんですね。擬洋風というのは基本的に建築家誕生以前の建築ですのでね。確かに建築ブームは、ヨーロッパの場合は新古典主義というやり方があって、参照項がいっぱいあるわけですが、日本の場合は江戸から明治というのはかなり大きな変化で、そこでどういう建築をつくっていったのかというのもまだよくわかっていません。

松山　それはやらなければいけない研究テーマのひとつで、たとえば明治二〇年代に華族が東京に建設した住宅の記録はある程度残っているのですが、まだほとんど手がつけられていません。まあパリなどと対比できるようなものではないかもしれませんが……。

伊藤　住まいに対するこだわりは絶対にあるはずでしょう。必要なものというか、最大限このセットは必要だとか、そういうテーマの研究は今までないですね。

樺山　残念ながらそれは震災と空襲でもってなくなっちゃっているけど、パリとロンドンはほとんど残っていますからね。

伊藤　そうですね。これはすごくおもしろいテーマですね。

桑茶政策

伊藤　では、桑茶のほうはどうでしょうか。基本的には失敗したと言われるわけですけども。

松山　これまで桑茶令によって農村化したとばかりいわれますが……。

伊藤　もう少しポジティブに見たほうがいいということですか。

松山　そうですね。発案者とされる大木喬任がのちに失敗だったと振り返ったことは有名ですが、私自身は、この政策の当初の狙いと結果（後年の評価）とは、分けて考える必要があると思っています。横山百合子さんが指摘するように、桑茶令が施行されていた時期は、ちょうど近世身分制の再編過程にあたると同時に、周辺部（「郭外」）にひろがる広大な武家地（桑茶令の施策対象）をしっかりと把握・統治していくことが、新政府にとって喫緊の課題でした。こうした、明治初年固有の社会＝空間構造の再編問題と、桑茶令とはパラレルに進展していたのではないかというのが持論です。詳しくは本書の拙文をご覧いただければと思います。

伊藤　かなり計画的にやったということですね。

松山　そうです。

樺山　イメージが湧かないんだけども、桑茶を植えるところまではよくわかるんだけども、それを製品にするにはどうしたらいいんだろう？

松山　そのあたりは史料的な制約が大きいのですが、たとえば拙文に登場する白山界隈の桑栽培を行った牧啓次郎という人物は、最近教えていただいたのですが、おそらく須坂藩御用達の呉服商として著名な牧家の一員です。彼は、明治初年には神田本銀町で生糸・蚕卵紙製作の出店などもオープンしており、そのあたりのノウハウは地元（生産地）から直接移入されたものではないでしょうか。

樺山　信州の須坂は養蚕地ですね。だから養蚕技術ももっていただろうけれども、当然、労務者も抱えて送り込んだんだろうね。

松山　牧啓次郎自身、桑の植え付けや養蚕方法に関する著作なんかも出版していますね。くわえて、自分の妹や娘なども、まもなく東京にやってきています。彼女たちは養蚕技術に長けていたようで、そのために東京府や宮内省への出仕が決まっています。ちょうどこの時期（明治四年）、皇室では蚕を飼うのが始まっていて、おそらく彼女らの出仕はそのためであったと思われます。

伊藤　では新しい産業として導入されるというポジティブな面があったと。

松山　そうですね。

樺山　明治四年に皇室が蚕を飼い始めるんだけど、今の皇后陛下がやっておられるのもそれですが、あれは実は古代にもあったんですよ。それがずっと途絶えずに続いているわけではなくて、明治のときに復活させたわけです。それはさまざまな復古運動のなかのひとつだったんですね。

伊藤　前回も話が出ましたが、長野から楮《こうぞ》をもってきて小石川で植えるということもあった。だから桑茶だけはなく、この辺は紙すきの伝統があるので、楮を新産業として持ち込もうとした人もいたということですが、そういった今でいうベンチャーがやってきて、桑茶というのはもそのうちのひとつと考えてもいいわけですね。

松山　そうですね。明治初年の東京をめぐっては、本当にさまざまなことを公権力はやっています。

伊藤　明治二年の段階で開墾のために人を派遣したりしている。

松山　明治二年に東京の町人の内訳を調べて、彼らを富民、貧民、極貧民、極々貧民といったように分類するわけですが、そのなかで今のままでは自活できないとみなされた人々は北海道や下総へと移住させられて、開墾などに従事させられたりしています。

伊藤　北海道だけではなく印旛沼にも行っていますね。

樺山　印旛入植ですね。

松山　住民のある種の交換や追放のようなことを、開墾をテコにしながら実質やっていた。そういう意味では、繰り返しになりますが、先の桑茶令も非常に戦略的な動きのひとつだったと思います。後から見るとすごく失敗で、たんに農村化したというふうに見えるかもしれませんが。

組屋敷

伊藤　いろんな住宅も成立しているが、一方で桑茶もやられていて、桑茶も遊んでいる土地を利用するという意味もたぶんあったでしょうが、何らかのかたちでそこにポジティブな意味を見出すとすれば、新しい産業を持ち込むというようなこともありえたのかもしれないということですね。

もうひとつ議論しなければならないのが組屋敷で、組屋敷はもう屋敷の規模も小さいし、文京区では本郷弓町と同心町がよく知られるところですが、こういう場所がどうなっていったのか。旗本、御家人以外の組屋敷みたいな場所の近代的変化ですよね。これも実はよくわからないんじゃないかと思うんですけど、何かご存じのことはありますか。

松山　本郷弓町・同心町について調べたことはありませんが、下谷の御徒町（御徒の組屋敷）については詳しく調べたことがあって、組屋敷全体が同じような論理のもとに動いていく、変化していくということはもはやないんですね。

伊藤　土地が少しずつ歯抜けになっていく。

松山　そうです。ひとつひとつの地所単位での更新や、あるいはこのなかにも数少ないとはいえ、朝臣化して新政府に出仕した人間もいますので、そうした人々には屋敷はおおむねそのまま下賜されますので。

伊藤　もうこの段階で組屋敷という枠組みが成立していないから土地と家屋だけということですね。ただ敷地の規模が違うということだと。そういう意味では新たな不動産市場が開拓されて、それぞれがどう動いていくかという理解ですね。

新たな山の手の誕生

伊藤　三つ目の話題ですが、そういう初期の動乱の時期を経て、ようやく明治一七、八年に人口がほぼ戻ってきて、中期以降、山の手と呼ばれる部分の形成が始まっていく。とくに文京区は新たな山の手とでも申しましょうか、もともと大名屋敷が多く分布していた場所に、明治中期以降、水道、道路、市電などのインフラ整備がだんだん進んでいきます。市電は明治末くらいにはほぼ行き渡るわけですが、そこに明治政府の要人や華族の邸宅が明治三〇年代くらいから増えてくる。それから東京大学ができることによって、とくに西片が有名ですが、学者町が形成されます。それからよく知られているように本郷周辺は文人の町という側面もあります。『文京区史』には文京区に住んだいろんな学者の名前はもとより政界、官界での名士、財界、実業界で活躍した人々などの名前が拾われていますが、そういう人たちがここに住むようになってくる。とくに実業家の移住というのが注目すべき点でして、現在の須藤公園の須藤家は加賀藩の支藩であった大聖寺藩前田家の屋敷跡だったものが、その後、長州出身の政治家の品川弥二郎の邸宅になって、明治二二年（一八八九）に実業家の須藤吉左衛門が買い取るということで、実業家が次第に文京区に屋敷を構えていくということも起きてくるわけです。明治中後期のどの辺の年代がピークなのかというのは、場所によって違うと思うのですが、文京区全体の住宅事情、住宅建築はどのように推移したのか。

先ほど話題に出たように、華族は明治三〇年代くらいから文京区にたくさん住むようになったということが指摘されていて細川家をはじめとして、戸田家、藤堂家、土井家、徳川家などの華族たちが、たぶん第二の波だと思いますが、次第にこの辺に住宅を構えていきます。この明治中期あたりの文京区の動向を頭に置きながら、樺山先生からコメントをいただければと思います。

樺山　こういうふうにフォローしていただけると、なるほどと思いますね。先ほど申し上げましたように、うちの母方の先祖もこのときに東京に出てきていまして、現在の白山に不動産を買ってそこに住むんですけど、周辺には実業家もしくは学者も含めて、現在の文京区に何代目かにわたって住んでおいでの方々と同じようなステータスの方がこの頃に入ってこられたようですね。

伊藤　この頃になぜここに入ってくるようになったのでしょうか。

樺山　明治二〇年代から三〇年代にかけてですよね。

伊藤　ある程度広い地所がまだあったということもありますよね。

樺山　それは間違いなくそうですね。

伊藤　それに郊外とはいってもかなり中心に近いし、しかも交通の便はとてもいいところだった。

樺山　ええ。最初のときに出たけれども、市電の二番は別に二番目に古いというわけではないようですけれどね。品川から曙町というルートは、今で考えると何かイメージが湧きませんけれども、少なくとも一番の品川・上野・浅草ルートと似たステータスの交通路だったんでしょうね。

伊藤　土地のプレスティージというか、性格というか、どのようなイメージをもってみんなが本郷・小石川の土地を買ったのかということに興味があります。文京区は今ではたいへんプレスティージの高い土地だと思いますが、この頃からたぶんそういう性格が少しずつ形成されたということになりますよね。

樺山　くどいようだけれども、現在の三田から巣鴨まで含めて、この縦の線、南北軸というのは、品川、上野、浅草の南北軸とは、かなりずれていますよね。最終的には三田・品川で一緒になるんだけども。北は現在の巣鴨駅まで行くようなこの南北軸は、港区、千代田区、文京区を突き抜けている形になります。一番のほうは、完全に江戸時代以来の商業地を抜けて、つまり銀座、京橋、日本橋、神田、上野、浅草と抜けていたけれども、二番のほうはそれとは全然違う抜け方をしたわけですね。そちらは、もちろんいろんなところを通っているけれども、基本的には、山の手自体というよりは、山の手の谷筋をずっと来て抜けていったという感じですよね。

伊藤　明治に入ってからの東京の発展の仕方というのは、基本的に南と北方向にだんだん広がっていって、しばらくしてから西側に広がっていった。

樺山　ええ。西側は一番最後ですよね。

伊藤　ですから、やはりそういう都市発展のベクトルがあって、そこのラインのなかに文京区というのも乗っかっているということですよね。

樺山　江戸城（皇居）を中核に置いて、やはり初めは南北軸でもってつくり上げられた町ですからね。その後はどんどん西へ向かって渋谷や新宿からさらに武蔵野まで行きますけど、それはずっとあとの話です。

伊藤　東京の南北軸という捉え方はとてもおもしろい視角ですね。確かに城北、城南という言い方がありますから。

樺山　まあ城という字のあとに東西南北とみんなつくんだけども、でも城北、城南というのは、江戸、東京を表現するのにいいイメージ豊かな言葉ですよね。

伊藤　確かに山の手／下町という横軸と、縦につながる北と南という、それは確かにあったかもしれませんね。交通網もそういう形で展開していった。この頃、明治二〇年代三〇年代あたりが、文京区というひとつの塊で考えるときの基礎が築かれたというふうに言えるでしょうか。

白山原町

伊藤　次に、白山に焦点を絞りたいと思います。白山原町というのが先生のお住まいの町内ということで、ここは日本銀行の原町住宅という家族寮ができたり、都市銀行や大企業の家族寮ができる高級住宅街というふうに言われていますが、これは樺山家がこの町に居を構えられてだいぶあとのことになるのでしょうか。

樺山　ええ。そのようですね。日本銀行の原町住宅が鉄筋になって家族寮になったのは戦後です。戦前は日本銀行の理事の方の大きいお宅がありました。それが戦争で焼けまして、そのあと日本銀行に譲るかたちで家族寮が建ったと聞いております。その周辺には、現在のみずほ銀行、かつての勧業銀行の家族寮もありました。それから第一銀行もほぼその同じ並びにできまして、日銀も含めた大手銀行が揃い踏みでした。やはり敷地の単位が大きかったということもあるんでしょう。

伊藤　それではもう少し時代を遡って幕末の江戸切絵図のあたりから少し見ていきたいと思います。

樺山　この駒込絵図▼はよく私たちは見る絵図なんですが、この当時、一八五七年は岡田某が拙宅のそばに住んでいることになっています。この岡田家というのは小石川養生所の医師の家系です。その三代目か四代目が赤ひげ先生の主人公として登場する人物です。家系の方々は、そ

▼東都駒込辺絵図（一八五七）

の後ずっと幕末までたぶん養生所の医師として勤務していたんだと思いますよ。今でも岡田家は、同じ場所ではないけれども、近くにまだお住まいです。

伊藤　樺山先生のご先祖が入られたのが明治二六年ですね。

樺山　だと聞いていますけれども、いずれにしてもその前後だと思います。

伊藤　その段階では岡田家はどういう状態だったのでしょうか。

樺山　よくわからないし、たぶん聞いてもわからないと思うんだけれども、ただずっとこの場所にお住まいですからね。

伊藤　そうすると武家地から近代住宅地まで継続しているということですね。

樺山　そうですね。

森田　それから備中の学生寮があった。

樺山　備中の学生寮は、今でも備中館と呼んでいるのだけれども。ほかにも会津の学生寮とか、旧武家系の施設がいくつか周りに今でも残っています。

伊藤　これはもう近代住宅地の形成ではなく、江戸からの継続とみるべきですね。たぶん江戸時代から備中や会津がもっていたのでしょう。

樺山　植物園に近接している古い建物ですが、備中館にはまだ学生が住んでいます。蚊がたくさん出るところだからたいへんだと思うんだけど。

伊藤　学生寮はけっこうたくさんある。大学が近いものだから。

松山　これは江戸時代の絵図ですけれども、このあたり一帯がいったん竹藪になったのですか。

樺山　要するに多くの武家屋敷と同じように明治になってから空洞化したんでしょう。

伊藤　樺山先生と太田博太郎▼先生が町内会で一緒に執筆されたものがあると聞きましたが。

樺山　ええ、ご近所にお住まいだったものですから。町会史の編集委員というのを太田先生と二人でやりました。町史としては原町西町会史と、原町町会史と二種類あるはずです。

伊藤　同じように、森田さんの聞き取り情報によると、白山四丁目に現在、岸和《わ》郎《ろう》▼さんの設計した住宅がありますが、ここはもともと阪谷芳郎《さかたによしろう》▼東京市長の家で、現在お住まいのご家族はそれを引き継いで昭和二八年に入られたようです。建物は木造の古いものをそのまま使っていて、風呂も薪だったのだと。

樺山　阪谷家それ自体は戦前の建物で、焼けなかったんですね。このあたりは建物が虫食い状態で焼け残りまして、阪谷家はかなり立派なお宅がそのまま戦後まで残ったものだから、すぐに米軍に接収されて軍属がずっと占領時代は住んでいた。それが接収解除になったあとに第一銀行のものとなった。阪谷家は渋沢栄一の親族ですから、その縁で第一銀行にいったのだと思います。

森田　かなり大きな敷地だったと。

樺山　阪谷家はたいへんな広さでした。

伊藤　今お話をうかがった場所というのは今までほとんどどの本にも登場しなかったところで

▼（一九一二－二〇〇七）建築史家。東京大学教授。中世の寺院建築や民家の研究をリードした。

▼（一九五〇－）建築家。京都造形芸術大学大学院教授。京都大学名誉教授。京都工芸繊維大学名誉教授。

▼（一八六三－一九四一）大蔵官僚、政治家。大蔵大臣、東京市長、貴族院議員等を歴任。

すね。

樺山　地域としては、日陰でじっとしていたところですから……。

伊藤　プライベートなことをお聞きして失礼しましたが、今までの東京の住宅地形成史から完全に抜けていた場所の歴史はとても貴重でした。

復興小学校と近代建築

伊藤　次に、大正から昭和戦前期にかけてですが、この時期はいずれにしても関東大震災という大きな被害があって、文京区は比較的被害は少なかったと聞いていますが、東大もキャンパスの多くの建物が壊れますし、かなりの被害を受けました。そのあとどういう変化が訪れるかというと、ひとつは建築のモダニズムと呼ばれるものが展開するわけで、文京区にも復興小学校が登場します。保存運動でいろいろありましたのでわれわれのなかでは記憶に残っていて、(旧)元町小学校、明化小学校などが有名です。

樺山　ええ。元町小学校はなくなりましたけど、明化小学校は残っていますし、湯島小学校もそうです。

伊藤　このように復興小学校が文京区には比較的残っていて、これらは震災後のモダニズム建築として貴重な事例です。それから旧安田楠雄邸も震災前の大正七年に豊島園の開園者で知られる藤田家が買って、そのあと安田財閥の安田善次郎の娘婿が購入して、昭和一二年に長男が相続しました。建築は和洋折衷で現在ナショナルトラストが管理しています。それから音羽の鳩山邸（鳩山会館）は震災の翌年につくられましたので、大正一三年。それから西片の開発をした阿部家の伯爵邸は武田五一▼の設計で、昭和二年。文京区では平成一七年に「近代建築の好奇心　武田五一の軌跡」という特別展をやっていて、いい図録が出版されています。これによると、武田五一は誠之舎に通っていて、福山の人だと思いますが、そこで学生時代を過ごしたと。彼はのちに京都大学の建築学科の教授になるのですが、震災のあとけっこう文京区の仕事をしていて、この近くでも近角氏の東本願寺の求道会館とか、もうなくなりましたが、西片の阿部家の住宅とかが知られています。大正から昭和にかけて建築のモダニズムが文京区のなかでも芽を吹き始めます。

森田　千石あたりにもけっこう立派な住宅がありますね。

樺山　千石はかなりが戦争で焼けましたけれどもね。虫食い的に残っているところがありますけども、旧林町ですね。建物がモダニズムであるということは、それに限らず、生活様式というかな、人間関係も含めてモダニズムを原則にしている。少なくとも行動様式としてはモダニズムだったので、たとえば洋服の着方であるとか、椅子の導入であるとか、それからコロッケだとか、グラタンだとか、そうした料理・食事とかね。

伊藤　そうですよね。武田五一の特別展に、武田五一の三男猛夫さんと結婚された飯島百合子さんのインタビュー記事があって、飯島さんの旧姓は村地で、もとは滋賀県生まれで実家のお

▼（一八七二－一九三八）建築家・建築学者。近代日本を代表する建築家の一人。「関西建築界の父」とも言われる。

父さんは東京帝大出の医師で宮内庁で侍医をやっていた。その後大塚三丁目にあった東京高等師範学校（筑波大学の前身）で体育学の講義をするようになります。自宅が本郷区の丸山新町一丁目で、子供の頃に誠之幼稚園（現・第一幼稚園）に通っていたので、学区外でしたが誠之小学校に通うことになった。小学校三年生のとき、小石川の西原、つまり千石に転居してきたことが記されています。電車に乗っても同じくらい時間がかかるので、自宅から学校へは歩いて通ったそうです。この頃は本当に人通りが少なく荷馬車がときどき通るくらいで、馬糞があちこちに落ちていたということで、わりと田園風景というか、都会化していないような状況が描かれています。関東大震災のあと、丸山新町の自宅の二軒隣には建築史の開拓者であった関野貞《ただし》▼先生のお宅があって、その息子さんの克《まさる》▼氏は太田博太郎先生と盟友だった。その関野克先生は明治村で館長をされていましたので、そこで武田五一展をやっている。この貴重なインタビューには、誠之小学校にはわりあい離れても歩いて通っていたこととか、関東大震災のあとはこの周辺もかなり被害があったということで、そこに平屋のバラック建築の校舎が建っていたこともわかります。このように関東大震災のあと、そういうモダニズムが文京区にも押し寄せてきて、建築のみならず新しいスタイルの居住のあり方も少しずつ登場してきたということになります。

墓地

▼（一八六八－一九三五）東京大学教授。文化財の保存に努めたことでも知られる。

▼（一九〇九－二〇〇一）建築史家。東京大学教授、東京国立文化財研究所所長、博物館明治村館長などを歴任。

伊藤　最後に、死んだ方はどこにいらっしゃるのかということを締めくくりとして見ていきたいと思いますが、やはり文京区の墓所というと護国寺の墓所はわれわれにとっては大事なもので、東京帝国大学建築学科（当初、造家学科）の外国人教授ジョサイア・コンドル▼のお墓は建築学科の同窓会がちゃんとお金を出して現在もお守りしています。ほかにもここには三条実美、大隈重信、山縣有朋、大倉喜八郎、團琢磨・伊玖磨、益田孝、茶人の高橋箒庵など有名人の墓がたくさん並んでいる。

もうひとつ重要なのは豊島岡の墓地で、ここにはわれわれは入れないわけですが、明治六年に明治天皇の第一皇子である稚瑞照彦尊《わかみつてるひこのみこと》が死産した際、明治政府はその墓を探して、結局、護国寺の所有地に目をつけてそこに墓地を構えるんですね。ですから、以後、陵に埋葬される天皇・皇后を除く皇族はここに葬られるということになる。

樺山　そうですね。大正天皇の貞明皇后の葬儀は豊島岡ではないかと思うのですが、昭和二六年に亡くなったということでずいぶん貞明皇后は長生きされました。皇居から音羽通りを通って豊島岡御陵に馬車で進んで、そこで葬儀が行われたと僕は記憶している。で、音羽の講談社の前のところでもって小学校三年生だった僕はお辞儀してお送りしました。それで大正天皇と同じく多摩東陵に埋葬されたわけですね。

伊藤　樺山先生の記憶にしっかりと刻まれていると。

伊藤　今回は樺山先生との対談の最終回ということで、文京区における住まいを中心にお話し

▼（一八五二―一九二〇）イギリスの建築家。お雇外国人として来日し数々の建築を手がけ、また辰野金吾ら日本人建築家を育成した。

させていただきました。最後に先生からまとめのコメントをちょうだいできれば幸いです。

樺山　同じことを繰り返しますが、われわれが山の手と呼んでいる地域について言えば、東京には南北軸が先に通っていて、後に東西軸が、とくに西の軸へ広がっていったということになる。そういう時代の順番がある。南の軸は今でいえば、旧芝区というか、城南地区ですね。文京区は城北地区ですが、それは北の軸ということなんですね。山の手と言っているのは、まずは城北軸と城南軸とによって構築され、最後に城西軸ができあがるという、その順番になっている。それができる順番によって、少しずつ地域社会のあり方も建造物も質が違う。そういう順番で考えないといけない。はじめから等し並で山の手だという話ではないんでしょうね。

伊藤　今回樺山先生が指摘された東京の南北軸というお話はとても重要な視点で、今までこういうご指摘はなかったのではないかと思います。

――一般的には都市は西へ広がると言われますが、そんな単純なものではないのだと。

伊藤　南北軸というのはあまり意識されないですからね。ありがとうございました。

江戸から東京への移行と桑茶令
——白山における牧啓次郎の桑栽培

松山恵

明治新政府による武家地処分

江戸－東京の歴史に関心がある人なら、江戸の都市域の七割ほどが武家地（大名、幕臣の拝領屋敷）で占められていたことは知っているだろう。

幕末維新の動乱を経て樹立された明治新政府は、江戸に自らの中枢＝東京をあらためて設けることにするが、その受け皿となったのはこの広大な武家地であった。新政府はその多くを没収する一方で、転用にあたってはすべてを対等に扱ったわけではなく、あらかじめ都市域のなかに「郭内」・「郭外」という区分を設けている。そして、前者に位置する武家地については官衙や政府首脳の屋敷のほか、事実上の東京遷都にともない京都から続々とやってくる公家やその従者の住まいなどにも転用した。かたや後者の武家地に対しては、政府機能を配置するというよりも、たとえば幕末に国元に戻っていた旧大名（大名華族）らを廃藩置県目前に、内政安定のためのなかば〝人質〟として再上京を命じた際にあてがう場所などとしたのである。いうなれば「郭外」は、「郭内」を中心に進む首都化を担保するバックヤードであった。これ以後、政府は明治一桁代から欧化主義的な改造（たとえば明治五年からの銀座煉瓦街建設）にも乗り出していくが、その舞台としたのも「郭内」一帯だった。「郭外」は、基本的にその埒外に置いたのである（以上の詳細については、拙著『江戸・東京の都市史』東京大学出版会、二〇一四年を参照）。

明治初年の東京については、幕末に比べ人口が大きく減ることなどから一般に衰退のイメージを抱かれることが多いものの、じつのところ、こうした大規模な土地の移り変わりをはじめ、都市の深層部ではその後の近現代のありようを左右する重要な変化が起きていた。

さて、本書が対象とする本郷エリアについていえば、幕末段階、街道沿いには町方が展開したものの、多くは武家地で構成されていた。今でこそ文教地区として〝都心〟有数の人気を誇るが、東京への移り変わりの初発においては「郭外」に位置し、政府が積極的な利用を見込む地区ではなかった。それは、現在の東京大学本郷キャンパスにあたる旧加賀藩上屋敷の活用方針（旧東京大学の新設）が定まるのが一八七七年（明治一〇）以降であったことからも明らかだろう。

とはいえ、本郷地域（ないし「郭外」）では維新変革の影響はみられず、幕末期江戸の社会や空間のあり方がそのまま明治へと連続していったわけではない。むしろ新政府は、「郭内」とは別種の再編策をこれらのエリアに施そうとしていたとみるべきである。その点で注目されるのは、一八六九年（明治二）八月施行の桑茶令である。

明治初年の社会＝空間構造の再編と桑茶令

桑茶令とは、第二代東京府知事の大木喬任（旧佐賀藩士。戸籍法制定などでも活躍）が発案し、広大な武家地を生糸の生産に欠かせない桑や茶の畑に変えようとしたものである。なお、対象範囲は東京一円（「東京中朱引内外諸屋敷上地之分」）とはするが、「郭内」ではすでに政府官員らの屋敷争奪が活発化していたことから（前掲の拙著参照）、主には「郭外」の武家地を想定していたとみてよい。

桑茶畑と聞いてピンと来ないかもしれないが、当時生糸と茶は輸出品目の筆頭にあり、財政基盤の確立にもがく新政府は桑茶令施行によって外貨獲得を見込んだのである。もっとも、狙いはそればかりではなく、並行した都市空間の再編問題も深くからんでいたものと思われる。

そもそも、江戸をはじめとした日本近世都市の大きな特徴は、内部の社会と空間が深い相関関係をもち、都市空間が武家地・町人地・寺社地などというように分割されていた点にある。たとえば武家は武家地に、町人は町人地にしか原則居住できなかった。こうした社会＝空間の基本構成は、周知のように明治維新を経て制度上解消されることになるわけだが、しかしそのありようは一直線に進むようなものではなく紆余曲折があった。

横山百合子氏の研究（『明治維新と近世身分制の解体』山川出版社、二〇〇五年）によれば、こうした近世的な社会＝空間の枠組みは維新期へと持ち越された。そして、ちょうど桑茶令施行の頃には、事実上「町地・武士地・開墾地」の三種類へと再編する政策がみられたという。ここにある「開墾地」とは、まさに桑茶畑のことを指すと考えてよい。つまり新政府は、巨大で複雑な構造をもつ眼下の歴史都市への対応に苦しむなか（たとえば、頻発する政府要人暗殺の背景に、詳細が未把握のまま残される広大な武家地の存在があることは当初から認識）、それを自らが統治しやすいものにするためのツールとして、この桑茶令を位置づけていたらしいのである。

なお従来、桑茶令については大木自身が後年失敗と述べたことも手伝い、一般に維新期の混乱に乗じた〝奇策〟という印象が強く、実態はいまだほとんど明らかでない。事実上の施行期間も一八六九年（明治二）八月から二年半ほど（同四年末まで）と比較的短かった。

しかし注意する必要があるのは、この時期は、江戸－東京の歴史のなかでも数少ない〝人と空間の関係〟が大幅にリセットされるタイミングだったという点である。つまり、まもなくの地租改正・地券発行に向けて、公権力は、都市域の過半を占めた武家地への旧来の拝領主（大名、幕臣）の利用を多くの場合否定する一方で、それらの新地主を確定する作業を急ピッチで進めた。そのなかで桑茶令は、とくに周辺部（「郭外」）において重要な役割を果たした可能性があるのだ。

牧啓次郎の桑栽培

明治初年の地図（たとえば明治四年「東京大絵図」）をみると、「郭外」を中心に、実際に桑茶園

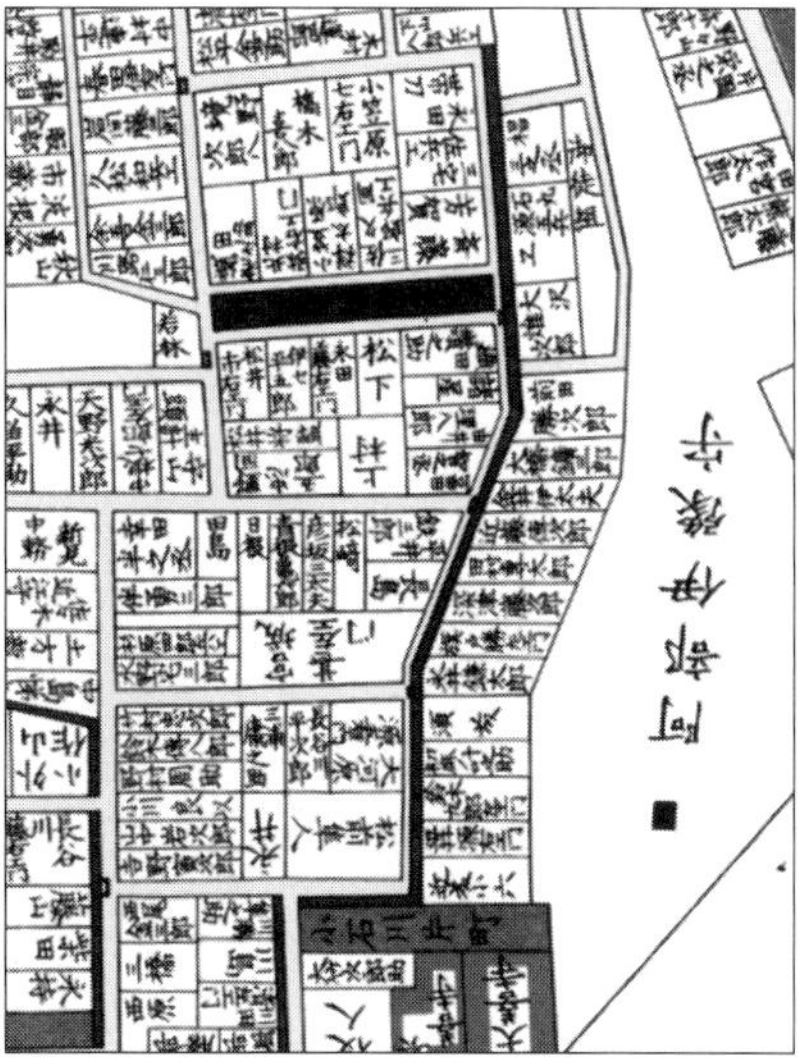

図1　幕末期の切絵図における白山界隈（『嘉永・慶応江戸切絵図』人文社、1995年より）

図2　1871年「東京大絵図」における白山界隈（『江戸から東京へ——明治の東京』人文社、1996年より）

が数多く誕生していたことがわかる。ただし私見の限りでは、桑茶令の全容に関する包括的な史料は残されておらず、ここでは白山界隈の植え付け場に視点をすえ、そのありようをつぶさに観察するところから、全体像の把握につなげていきたい。

図1は、現在の文京区白山一丁目あたりの幕末期の様子、同じく図2はその明治初年となる。先述のように本郷エリアはもともと武家地が多かったが、この白山界隈も同様で、多数の幕臣屋敷と馬場などで構成されていた。ところが明治維新を経て、複数の幕臣屋敷が境界を無視するかたちで統合をされ、界隈の内部には巨大な桑茶畑が二か所生み出されたことがわかる。当該期の地籍図（図3、明

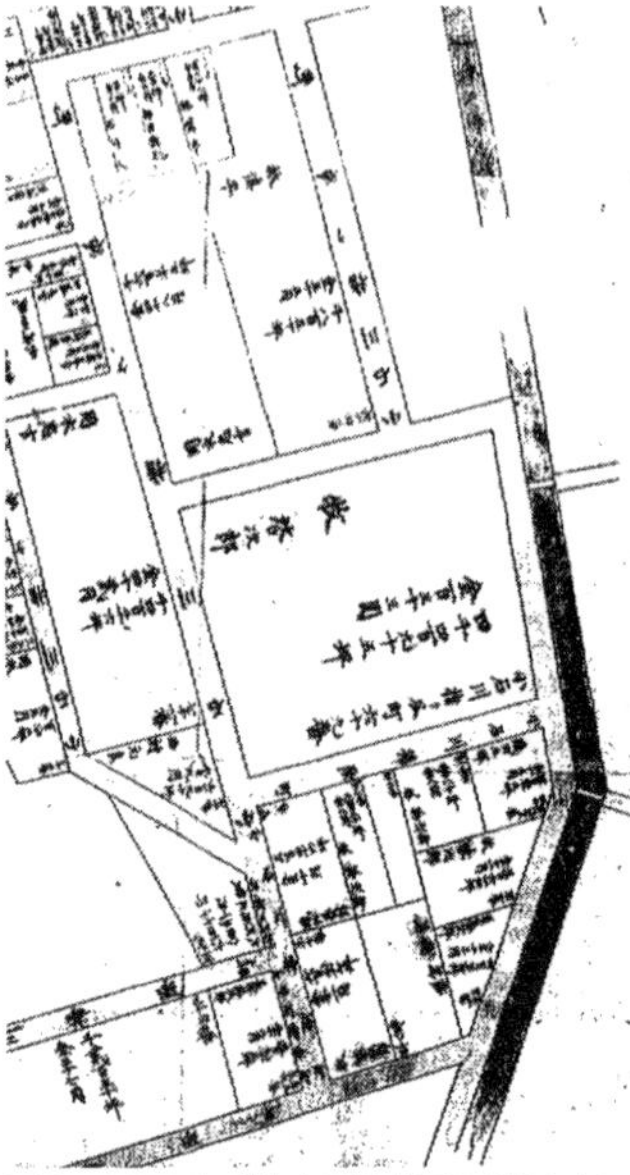

図3　1873年「六大区沽券図」（第4大区8小区の一部）

治六年「六大区沽券図」東京都公文書館所蔵。史料の所蔵先は言及のない限り、以下同じ）によれば、界隈一帯の所有者には幕末の拝領主（幕臣）の名は確認できず、彼らは維新にともないことごとく当地を離れていったことがうかがえる。

　維新期における幕臣の身の振り方としては、その過半が江戸－東京とのかかわりを断ち切られつつ静岡へと下るか、旧領地への帰農などを選ぶほかなかったことを思えば、以上は典型的な旧幕臣屋敷エリアの姿であったと考えられる。その一方で、創出された桑茶畑には、それまで地域とは無関係とみられる人物の参入が確認できる。図2中央の「桑茶畑」は、七筆分の幕臣屋敷と馬場だったところで約四五〇〇坪の広さに及んだが、その所有者は「牧啓次郎」であった（図3）。

　この牧啓次郎について東京府関係文書をいろいろと辿っていくと、「信州須坂」の出身で、一八七一年（明治四）に出府し、神田本銀町四丁目（のち神田佐柄木町）に居住した人物であることがわかる（「管民願伺届録」）。出府の前年には養蚕・桑植え付けの手法に関する著作（『蚕桑要略』国立公文書館所蔵）も著している。そこでは、「新養蚕場と雖とも、信州・奥州本場の如く種繭ニ出来候て昨巳（明治二年——筆者註）の相場ニて生繭壱〆目の価金七両（中略）位ニ相成候事」といったように、まさに東京の新開墾場を念頭に置いた記述も認められる。以上から、図3にみえる「牧啓次郎」は、桑茶令をきっかけに白山界隈とかかわりをもち、当地の所有者となったとみてほぼ間違いないだろう。なお、牧はこの開墾場以外にも白山界隈に一〇筆あまりの地所（いずれも旧武家地）をあわせて取得している。

牧がいつから江戸－東京とかかわりをもったかはかならずしも定かでないが、開墾場の取得をきっかけに、地元・信州須坂とのあいだに緊密な関係を構築していったことは確かである。出府と同月中には、啓次郎の妹や娘も、「蚕業熟練」であることを東京府が評価したことで宮内省への出仕・上京が決まり、また啓次郎自身は他の親族（牧枡之助）とともに本銀町四丁目で生糸および蚕卵紙製作の「出店」を開店している（「御沙汰書抜萃」）。

なお須坂といえば、生糸の一大生産地帯である。そもそも〝牧〟という名の家は須坂藩御用達の呉服商で、明治期には山一製糸を興すなど日本の製糸業の発展に大きく寄与したことで知られる。現時点では残念ながら調べがつかないが、牧啓次郎もその系譜に属する可能性は高い。啓次郎は、取得した白山界隈の土地で実際に桑栽培に試みる一方、排水（埋樋）も整備するなど、その資本は多方面に投下されていたことがうかがえる（前掲「管民願伺届録」）。

近現代の展開に向けた地ならし

桑茶令の実態については依然不明な点は多いが、少なくともこの白山の事例からは、それが武家地の空間的・社会的再編のあり方を定める一要素であったこと、また少なからず生産者のかかわりがあったことが指摘できる。後者の流れからは、東京へと地方の〃人〃および〃財源〃が投入される回路が生み出されていたことも見逃せないポイントといえる。

明治の東京というと、とかく中心部における欧化主義的な改変に注目が集まり、反面、周辺部については近世からの連続面が主に強調されがちである。確かに桑茶令も短年で終焉を迎えたものの、しかしそれは江戸という特異な構造をもつ都市が地ならしをされて、その後の新たな展開（ちなみに白山では、その後明治中後期にかけて、まさに牧啓次郎が所有した地所などにおいて花柳界が形成）が生み出されるのに不可欠な一過程であったといえるだろう。

関口台地の崖と水——集積された近代庭園と邸宅

赤松加寿江

はじめに

神田川を見下ろす関口台地は、文京区のなかでも最も起伏量が大きい台地である。神田川と目白通りに挟まれた宅地は南側斜面を広く抱き込み、南北に長いものが多く、とくに明治以降は椿山荘、和敬塾、蕉雨園のように大規模で眺望を生かした庭園と邸宅が並ぶようになった。当地における邸宅の集積は近世に由来するものなのか、なぜここに邸宅群が集積されたのか。そのシンプルな問いに答えるかたちで、本稿では関口台地における風景の移り変わりを近世近代の絵図、地図史料をもとに辿り、その地域的性格を垣間みることにしたい。

近世の風景と土地利用

関口台地には、「目白」という地名の由来となった目白不動尊をまつる新長谷寺《しんちょうこくじ》があった。現在、寺は失われてしまったが、江戸時代の様子を描いた『江戸名所図会』（図1）では、寺の南側に沿って料理屋が軒を連ね、人々が賑わっている。高台ならではの眺望と眼下を流れる神

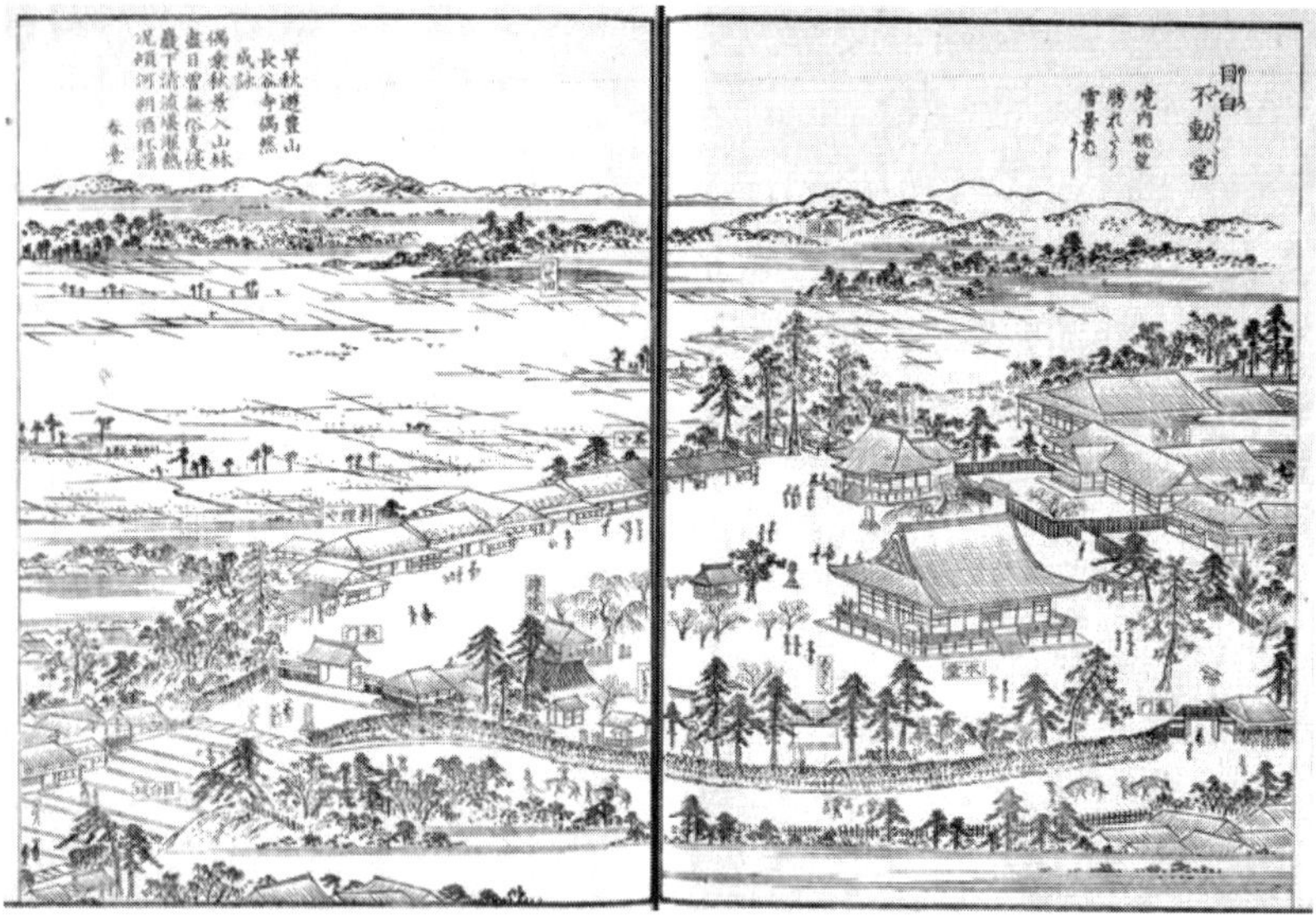

図１　「目白不動堂」『江戸名所図会』

田川、その地形構造は現在と変わらない。絵図を見る限りでは、すでに近世から現在の椿山荘に引き継がれるような、眺望を楽しむ遊興空間が登場していたかのように思われる。その実態はどのようなものだったのだろうか。

江戸時代の目白通りは清戸道と呼ばれ、中清戸（現・清瀬市）にあった御三家尾張徳川家の御鷹場御殿に続く道だった。将軍の鷹狩りの道であるとともに、野菜を江戸へ運ぶ食材の道でもあったことは本書で森朋久氏が指摘するとおりだ。

一方、『東京都の地名』によれば、関口台地の名は神田上水の関口大洗堰があったことに由来する地名で、神田上水との由縁が深い。承応二年（一六

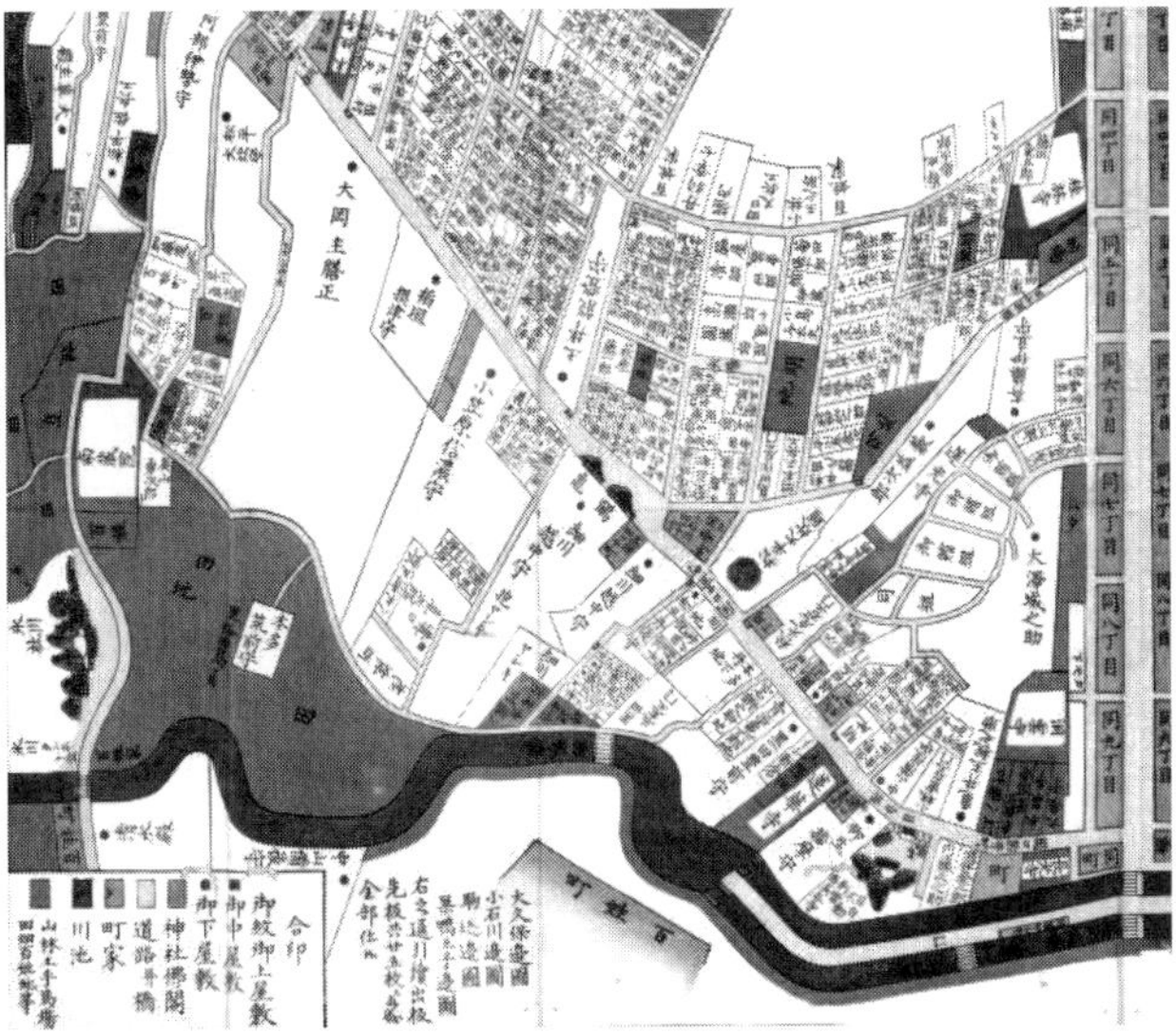

図2　『江戸切絵図』安政期

五三）に神田上水の改修後、万治年間（一六五八―一六六一）には江戸川の拡幅とともに、上水と江戸川を分流する関口大洗堰と水路が完成し、貞享二年（一六八五）には関口水道町が町並地として分立したとされている。

江戸後期の町並地としての様子は安政期（一八五四―一八六〇）の『江戸切絵図』（図2）からも確認できる。目白通りの北側には間口の狭い小宅地が並ぶ一方で、南側には間口が広く、大きな面積をもつ下屋敷が並んでいる。たとえば、現・日本女子大学附属豊明小学校と旧田中角栄邸の敷地は広大な大岡主膳正の土地があり、目白台運動公園は稲垣摂津守の土地、現・和敬塾と永青文庫の敷地は「細川越中守抱ヤシキ」「細川ヤシキ」と記された細川家の土地所有であったことがわかる。いずれも南北に細長く、敷地内には急斜面地が含まれていたことになる。台地面と崖面とを併せもち、広くも起伏の激しい敷地所有がなされていたことはひとつの特徴といえそうだ。

細川氏の土地南東角には赤色で「水神社・八幡宮」と寺社仏閣の土地区分が表示されている。この水神社は関口大洗堰が完成した寛永六年（一六二九）以降、神田上水を守護するためにつくられたと伝承が残る。江戸期には神田上水の関口水門の守護神として崇敬されたようだ。この水神社の社地を削って元禄一〇年（一六九七）につくられたのが胸突坂である。胸突坂を挟んで水神社の向かいには、「水神・別當」と記されている。ここは旧主藤堂家が神田上水の工事を命じられた際、藤堂家に仕えていた松尾芭蕉が住んだことにちなんで芭蕉堂が建てられた場所で、現在は関口芭蕉庵と呼ばれる。『新編武蔵風土記稿』によれば、水番人の住む小屋があったようだ▼。切絵図からは江戸時代、ここには松平丹後守の下屋敷ほか八軒の小規模な屋敷地が並んでいたこともわかる。

現・椿山荘の敷地には中央部に道が入り込み、西側は「本多丹下地」「黒田五左衛門」とあり、東側は「黒田豊前守」「青沼亀六郎地」「山名鏘之助地」とある。他の切絵図では「上総久留里藩黒田淡路守直和」とあることから、この一帯は黒田家の所有地であったことがわかる。東隣の現・関口台町小学校には蓮華寺があり、さらに東には目白不動尊をまつる新長谷寺に至る。一方、敷地南辺部に注目すると、黒田家と蓮華寺の敷地だけが、関口大洗堰に水が流れ込

▼『新編武蔵風土記稿』には「堰　神田上水ト江戸川ノ分水口ニアリ。大洗堰ト号シ、御普請所ナリ。石ニテ築畳ミ、大サ長十間、幅七間ノ水、水口八尺余、側ニ水番人ノ住セル小屋有リ。」とある。

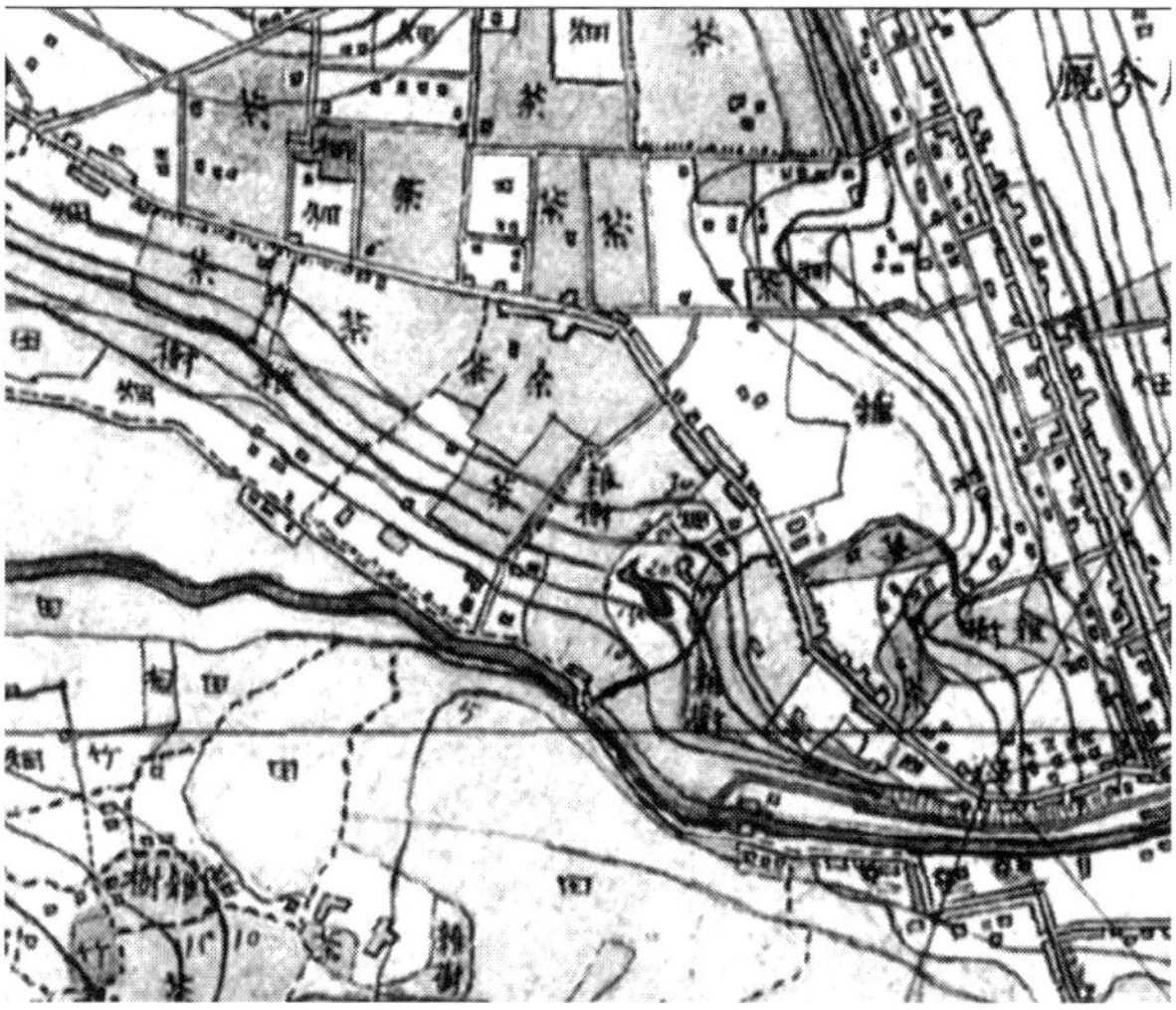

図3『迅速測図』

む直近部分であるためか、川岸に道がなく直接神田川と接しているのも特徴的である。

このように江戸時代において、神田川と目白通りに挟まれた関口台地南辺部の土地は、比較的大きな敷地をもつ下屋敷や寺社が並ぶ一方、南側では神田川上水との関係要素が存在していたことがわかる。次に明治以降の絵図を見てみることにしよう。

近代

図3は明治初期（一八八〇年代）に作成された『迅速測図』である。安政期切絵図から約二〇年経ったこの時期、目白通り沿いには茶、桑、畑の表記が顕著で、農地としての土地利用が特徴的だが、庭園をともなう邸宅がつくられ始めたのもこの頃である。

関口台地における庭園付き大規模邸宅の

図４　蕉雨園（〔財〕野間文化財団提供）

最初の事例は、明治一一年（一八七八）につくられた山縣有朋の椿山荘である。その後、明治三〇年には田中光顕邸が、大正期には細川邸内に松聲閣、昭和初期には和敬塾が建てられることになる。

なかでも元田中光顕邸は現存する建物のひとつで、椿山荘の隣り、六〇〇〇坪の敷地に建てられたものである。田中光顕は天保一四年（一八四三）生まれ、土佐藩を脱藩して、高杉晋作にしたがい長州で活躍した山縣有朋閥のひとりである。明治に入ってから警視総監、会計検査院長、学習院長、宮内次官を経て、明治三一年から四二年まで宮内大臣をつとめ、明治天皇の絶大な信任を得た人物である。その田中が明治三〇年（一八九八）、三重県桑名の棟梁・大河喜十郎に建てさせた木造二階建てがこれだ（図４）。車寄せのついた玄関から入ると、左右に応接間が備えられ、大書院は四三・五畳の広さをもつ。菊の間と呼ばれる小書院、松の間、雀の間などいくつもの座敷があるが、いずれも四周を廊下に囲まれた独立性の高い和室となっている。敷地内には湧水による大池があり、芭蕉庵に面するところにはひょうたん池がある。いずれも斜面と湧水を生かした庭となっている。大正八年には渡辺銀行総裁の渡辺治右衛門の所有となったが、昭和七年（一九三二）に講談社初代社長の野間清治が購入し、現在では「蕉雨園」と称され一般財団法人野間文化財団によって管理されている。

大正期に建てられたのは細川邸内の松聲閣で、その一部は新江戸川公園となり、平成二九年には肥後細川庭園と改称されて現在に至る。かつては細川邸庭園を構成した建物で、斜面地を生かし、大きな泉水を中心に造築された回遊式泉水庭園となっている。昭和一一年には現・和敬塾の建物が、昭和二五年には永青文庫が細川家一六代当主の細川護立によって建てられた。

このように明治から昭和にかけて、この地に庭園と邸宅が建設されていったことは明らかである。そのなかで、明治一一年（一八七八）に上総久留里藩黒田家から山縣有朋が購入し、一万八〇〇〇坪の敷地をもってつくられたのが椿山荘である。作庭を生涯の趣味とした明治の元勲がこの土地の素質として見抜いたものは何だったのか。

椿山荘

椿山荘は、京都の無鄰菴、小田原の古稀庵と並んで山縣有朋の三名園とされる。京都南禅寺参道前の無鄰菴は明治二七年（一八九四）に、古稀庵は明治四〇年（一九〇七）に工事が始められたのと比べると、椿山荘は明治一一年（一八七八）とかなり早い時期になる。これは参謀本部が設置され、山縣有朋が陸軍卿から近衛都督兼参謀本部長に転じた年でもあった。

山縣有朋の庭については、多くの優れた論考があるためそちらを参考にされたいが、鈴木博之氏は山縣有朋のつくった庭について「大局的には自然主義の庭園であった」とし、本物の「動き」をもつ流れる水を用いた自然式庭園であったことを指摘する。紆余曲折を経ながらも、京都無鄰菴は琵琶湖疎水を活用したことで知られるが、東京でも同じく神田上水と関口大洗堰という水のインフラに隣接した椿山荘の立地は、山縣にとって刺激的であったに違いない。また椿山荘が山縣から藤田組に売却されたことも、琵琶湖疎水とは無縁ではない。大正七年（一九一八）に椿山荘を購入した藤田平太郎の父、藤田傳三郎は長州藩であり、その甥久原庄三郎は無鄰菴作庭の主軸となった人物であったし、藤田組は琵琶湖疎水の土木事業を請け負ってもいたのである。この椿山荘の隣に田中光顕が居を構えたことからみても、明治後期の関口台地南辺部は山縣閥による邸宅と庭園に占められたのである。

水と関口台地

現在の椿山荘は、第二次世界大戦による壊滅後、藤田観光によって大規模改造されたものであり、山縣の庭園構想を知ることはできない。しかし彼の「自然主義の庭園」を実現させるうえで、関口台地がもっていた資質は水の存在であった可能性は大いにある。明治初期の別の絵図でも、今の椿山荘、肥後細川庭園内、芭蕉庵、目白台運動公園脇にあたる部分には池や水の表記があることからも、神田川からのぼった台地部分でも、常に水は近くにあったといってよ

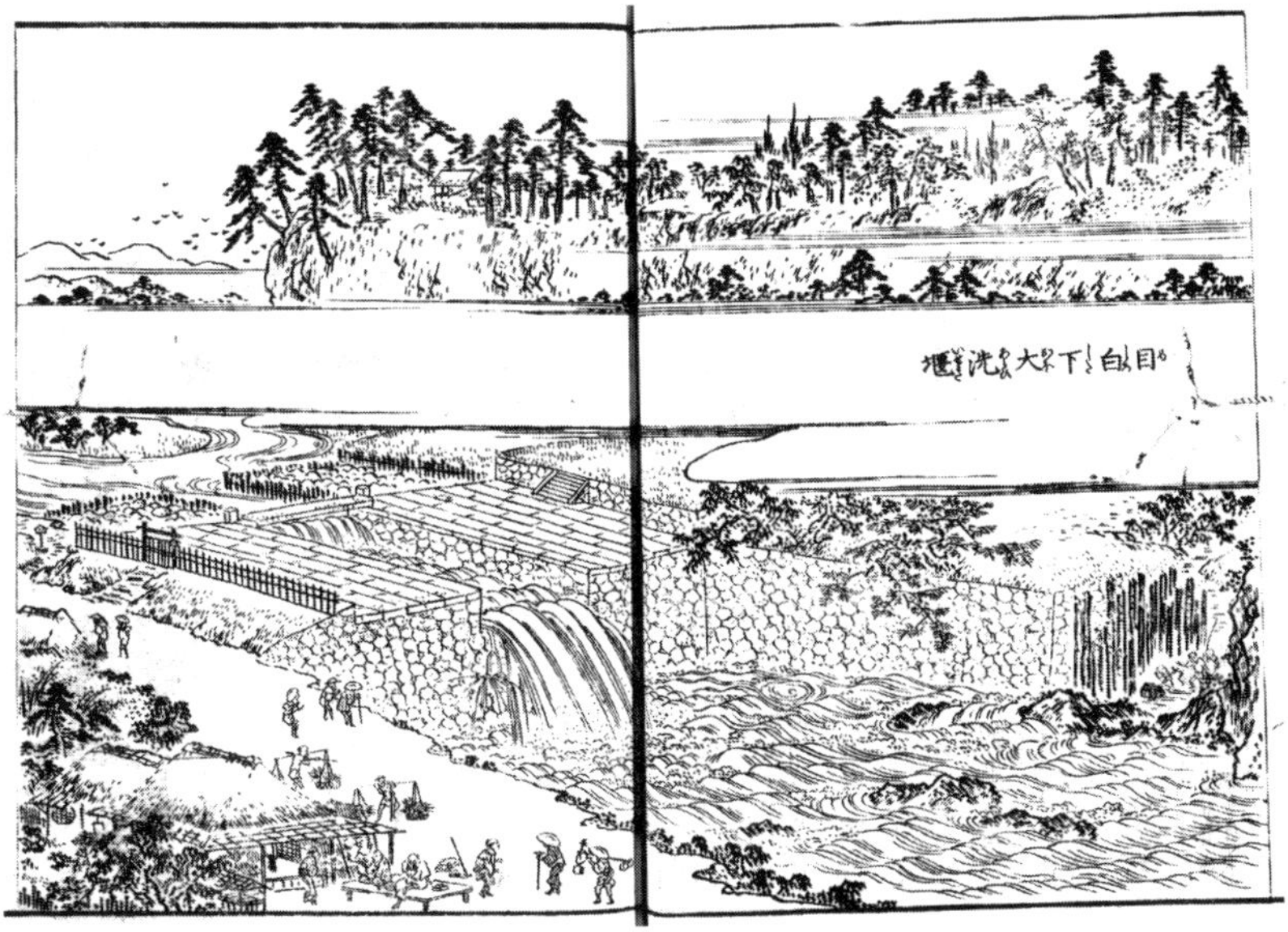

図5　「目白下大洗堰」『江戸名所図会』

いだろう。

しかしそれにもまして関口大洗堰という存在は、江戸時代から人間の管理下に置かれた水辺として山縣の関心を引いたのではないだろうか。図5をみると、関口大洗堰は流水が大滝となって落ちてくる様子が「目白下大洗堰」として紹介されている。山縣が椿山荘の土地を求めた理由を知るにはさらなる資料証拠が必要であるが、無鄰菴の琵琶湖疎水と椿山荘の関口大洗堰に、水利事業と庭園デザインという共通点を否定することは難しい。

関口台地は、江戸時代には鷹狩りの道、そして神田上水の分岐点という縁辺的な要素をもつ一方で、名所図会には台地ゆえの眺めや関口大洗堰の存在はすでに印象づけられていた。現在見るような、自然豊かな庭園邸宅群が立ち並んだのは近代以降のことであったが、山縣有朋が引き出したこの土地の特質と魅力は、椿山荘や蕉雨園、肥後細川庭園といった開かれた土地利用によって現在も引き継がれているといえよう。

参考文献

『東京都の地名』平凡社、二〇〇二年
鈴木博之『庭師 小川治兵衛とその時代』東京大学出版会、二〇一三年
岡義武『山県有朋――明治日本の象徴』岩波新書、一九五八年
佐藤英達『藤田組の発展その虚実』三恵社、二〇〇八年
『絵でみて歩く　文京のまち』文京ふるさと歴史館、平成二三年
『蕉雨園のご案内』パンフレット、蕉雨園

「空中都市」の形成と変容

勝田俊輔

二一世紀の文京区民は、ごく単純化して言えば大半が空中で生活している。区内の住宅のうち一戸建は戸数ベースで二〇%弱に過ぎず、残りはほぼすべてが各種の「共同住宅」である（総務省統計局「平成二五年度住宅・土地統計調査」）。この数値は現在の東京（区部）の平均に近いのだが、過去に遡るとどうだろうか。本稿では住宅の高さを手がかりにして、明治以降の文京区のスカイラインをおぼろげながらも描き出すことを試みよう。

明治期、旧本郷区と旧小石川区で事情は異なっていた。小石川区は明治半ばに田畑の面積において東京市全体で最高であり、また宅地よりも田畑のほうが広い唯一の区であった。すなわち「一五区最後の農村」である（伊藤毅「一五区最後の農村――小石川区」玉井哲雄『よみがえる明治の東京――東京十五区写真集』角川書店、一九九二所収）。維新後の東京では旧武家地が一時的に田畑とされることが多く、それがさらに他の用途に転換されていったのだが、小石川区はこの転換が遅れていたのである。これに対して同時期の本郷区では田畑と宅地の面積比は約一：二六と、田畑はほぼ消滅していた（東京市小石川区編『小石川区史』一九三五）。田畑だけではない。青年期を小石川で過ごした近松秋江にとって、明治末のこの地は「丘や渓や森や草野原」と畑であった（「小石川の家」『近松秋江全集三』八木書店、一九九二）。だが、「住宅」の区分が最初に登場する大正五年の統計では、小石川区は住宅軒数で一五区のうち本郷区を上回って第七位となっており、明治半ば以降、急速に宅地化が進行していた可能性がある。小石川に生まれ育った永井荷風は、明治末に「小石川は東京全市の発達と共に数年ならずしてすっかり見違えるようになってしまうであろう」と予言していた（「伝通院」『荷風随筆集（上）』岩波書店、一九八六）。ただし小石川区の住宅は背が低かった。大正五年時、同区は旧一五区で最も三階建て以上の住宅が少なく、また住宅の総面積に占める二階以上の部分の比率も約一二％と下から二番目に低かった。これに対して本郷区ではこの比率は約二六％であり、旧一五区で四番目に高かった（東京市役所庶務課編『東京市統計年表』）。

先に本郷区の住宅を検討しよう。昭和五年の本郷区には、住宅総数一八九七四棟のうち二階建てが一二三〇五棟、三階建て以上が二五五棟存在した（本郷区役所編『本郷区勢要覧』一九三二）。これらには下宿・旅館が含まれていたと推測できる。同要覧によれば、この年の本郷区には「旅人宿兼下宿」が一三二軒、「下宿屋」が一六八軒、「木賃宿」が二軒存在した。本郷区の住宅の高さについて考える場合、最も重要な要素がこの下宿である。

東京に下宿が登場するのは明治前半であり、明治一一年に旅人宿の一種として政府から認可され、単独の「下宿」は明治二〇年に営業を認可された。この年の統計によれば、東京市一五区内に合計一四八二軒の下宿屋が存在し、都市生活の新たな要素として定着しつつあったことがわかる。このうち三九四軒が神田区、三五五軒が本郷区に集中していた。明治二五年になると両区の順位は逆転し、本郷区は大正末には「一大下宿群」を備えるに至り、東京で最多の下宿を抱える区としての地位を昭和二年まで維持する（高橋幹夫『下宿屋という近代』住宅総合研究財団、二〇〇七）。

本郷区の下宿の急速な発展の要因として、高等教育の確立が挙げられよう。明治九年には済生学舎（現・日本医科大）が開校され、また東京医学校（後の東京帝大医学部）が神田から本郷に移転する。続いて東京帝国大学が明治一七年にやはり神田から本郷に移転してきた。当然ながら学生の住居の問題が生じたが、逆に言えば商機も存在した。旧藩の武家屋敷跡地や、寺の未利用地などの空き地があったことも幸いした。菊富士楼の創始者は、日清戦争期に大垣より上京した後、新興産業である下宿屋の開業を試みて成功し、後にホテル業に転じた。彼は同郷人の一旗組が下宿屋を開業するのを援助し、明治末期には岐阜県人の経営する下宿屋が本郷界隈に一〇余り存在したとされる（近藤富枝『本郷菊富士ホテル 文壇資料』講談社、一九七四）。

なお統計には表れにくいことだが、下宿にも階層があったようであり、自身下宿屋を営業していた徳田秋声は「大学界隈」（東京日日新聞社編『大東京繁昌記　山手編』春秋社、一九二八）で、日清戦争期には「済生学舎の学生は、また本郷三丁目から以南湯島や真砂町あたり、いたるところに軒を並べている下宿に巣をくっていたもので、帝国大学の学生となるとやや優等で、台町や森川町追分あたりに散在している下宿を根城としていたようである」と記している。「下宿屋の内情」とする一章を含む石川天崖『東京學』（育成會、一九〇九）は、地方から東京へ来る人間への指南書といった趣の書物だが、明治末の本郷には「最も高等なる立派なる下宿屋が多い」と紹介していた。

大正期の本郷界隈で最も高所にあった「住宅」が本郷菊富士ホテル屋上の通称「塔の部屋」であり、大正三年の開業時に主人は招魂社（靖国神社）の大鳥居に次ぐ高さを誇ったという。とはいえ、本郷区の他の地域は明治期には平屋も多かった。明治四二年頃の西片では「二階屋は無く、坐っていて富士が見えた」とされる（高安三郎『高安之里』書物展望社、一九三四）。学者町たる西片では、地主の阿部家が下宿屋の営業を許可しなかったのである（稲葉佳子「阿部様の造った学者町……西片町」山口廣編『郊外住宅地の系譜』鹿島出版会、一九八七所収）。千駄木の夏目漱石の家も平屋であり、ここで執筆した『吾輩は猫である』には「ただ人を威圧しようと、二階作りが無意味に突っ立っている」との一節がある。漱石の前にこの家を借りていたのが森鷗外であり、彼が千駄木内の別な場所に借りた家も最初は平屋で、後に二階を増築した。

続いて旧小石川区の方を見よう。小石川区も本郷区には及ばないながらも下宿の発展を見た。関東大震災から間もない時期のデータであることに注意すべきだが、昭和三年の調査によれば小石川区には六一の下宿屋があり、本郷区・牛込区に次いで軒数が多かった（東京市統計課編『統計ニ表レタル下宿屋ノ種々相』一九二九、東京輿論新聞社編『小石川区勢総覧』一九三四）。昭和九年には「旅館および下宿業者」として七四名がリストアップされている。うち六〇弱が明らかな女性名であり、「おかみさん」と呼ばれた存在であろう。昭和初期、下宿滞在者のうち学生の比率は、実は小石川区のほうが本郷区よりも高くなっていた（『小石川区勢総覧』）。要因として、日本女子大学校（現・日本女子大）の設立、東京女子高等師範学校（現・お茶の水女子大）の移転、東京文理科大学（現・筑波大）、東京府女子師範学校（現・東京学芸大）の開校などによって本郷区に劣らない文教地区となっていたことが挙げられよう。

ただし、この時には下宿は時代の流れから取り残されつつあった。下宿が明治から大正期の日本の大都市に新たに登場したタイプの住宅だったとすれば、昭和初期の新型住宅の典型はアパートであった。東京市では昭和八年に一〇室以上のアパートについて建築の認可制が導入されたが（高層住宅史研究会編『マンション六〇年史――同潤会アパートから超高層へ』住宅新報社、一九八九）、とくに昭和八、九年はアパートの「氾濫時代」とされ、市内のアパートは八年の九一四棟から一二年の三〇〇〇棟以上へと一日一棟以上のペースで急増した。しかも新築のアパートが大多数で、下宿屋・旅館を改築したものはごくわずかだったため、競合相手の下宿とは「食ふか食はれるか」の関係となり、双方が営業取り締まりをめぐって政府に陳情するに至った。小石川区には昭和一一年半ばに五七棟のアパートがあったが、これは旧東京市一五区で芝区、下谷区、本郷区（六二棟）に次いで多い（『東京朝日新聞』一九三五年一二月七日、東京府社會課編『アパートメント・ハウスに關する調査』一九三六、下郷市造『来るべきアパートと其経営』斗南書院、一九三七）。

量だけでなくアパートの「質」の面でも、小石川区は本郷区に引けをとらなかった。大正期に桜楓会アパートが日本女子大の女性教員や卒業生を対象として建設されており、木造ながら日本で最初期のアパートのひとつとされる。本郷区では大正末に建てられた鉄筋コンクリート五階建ての文化アパートがよく知られているが、小石川区でも昭和七年に田河水泡▼らの住んでいた久世山ハウスは当時最高級のアパートとされた（杉浦茂『杉浦茂　自伝と回想』筑摩書房、二〇〇二）。同時期に同潤会の大塚女子アパートが日本最初の女性専用アパートとして建てられた（同潤会編『同潤会基礎資料（復刻版）』第一期第二巻、柏書房、一九九六）。当時東京のアパートでは「都市における生産人口」すなわち新興中間層が居住者の大半だったが（内藤一郎『アパート・ライフ』住宅問題研究社、一九三七）、小石川区では、先述のように女子高等教育が発達し、大塚女子アパートの入居者には女性教員も多かった（女性とすまい研究会編『同潤会大塚女子アパートメントハウスが語る』ドメス出版、二〇一〇）。エレベーター付きの鉄筋コンクリート六階建ては当時三・四階建てがほとんどだった東京のアパートでかなりの高層であり、小石川台地に建てられたこともあって、辺り一面を、第二次世界大戦の空襲の様子も含めて見渡せたと言う（熊谷圭知・影山穂波『大塚女子アパート住民の居住史と居住環境意識に関する研究』地域社会研究所、一九九七）。

第二次世界大戦により小石川区の七九％、本郷区の七三％の家屋が戸数ベースで被災し、本郷の大下宿屋群もすべて炎上したとされるが、戦後から高度成長期の文京区は、復興と発展の有利な条件に恵まれた。新産業としての旅行業の台頭である。昭和三一年には区内で一四一軒の旅館が営業しており、「その収容力は都内随一」とされた。とくに本郷地区には一一七軒が

▼（一八九九―一九八九）昭和初期の児童漫画を代表する漫画家。代表作は『のらくろ』シリーズ。

集中し、観光客とあわせて多くの修学旅行生を受け入れるようになった（東京都文京区編『文京区志』一九五六）。ただし、専用住宅についていえば、当時の文京区は戦前と大きな違いはなかった。昭和三五年の文京区に存在した住宅のうち、戸数ベースで九〇％以上が依然として木造であった（東京都文京区編『文京区政要覧　昭和三八年版』）。だが昭和三八年に建築基準法が改正され、高層住宅の規制が撤廃されて高さ二〇メートル以上とすることが可能となり、文京区はいよいよ真の意味での空中都市への歩みを始める。『第六回　文京の統計』（文京区区民部区民課編）によると各年度内に着工された建物（住居以外も含む）のうち、木造の比率（戸数ベース）は、昭和四七年度の七三六／一三四六軒を最後に五〇％を割るようになり、それ以降は鉄筋・鉄骨コンクリートに主役の座を譲ることになる。ここに戦後の高層住宅の主役であるマンションの時代の到来を見ることが可能であろう。昭和六三年度には木造の新築比率は二五三／九六〇となる（面積比では一〇％を割る）。この流れに乗りつつ、旧小石川区は旧本郷区と比べ遜色のない「空中都市」となる。昭和六二年、小石川署の管轄地域（旧小石川区にほぼ重なる）における高層建築物の数は一六三一で、本郷署管轄の一七六四に匹敵する（四階建て以上。住宅家屋以外も含む）。平成二六年では二四七七対二四八五である（『東京都統計年鑑　平成二六年』）。この先も文京区は二つの旧区が競い合いながら、空に向かってのびていくのであろうか。

後記　本稿を準備するにあたり、安島喜一氏、文京区史編纂室の島村邦昭氏、真砂中央図書館の大谷昇氏にご協力いただきました。

あとがき

本書は東京の山の手論だ。一九八〇年代に東京の郊外住宅地の本を編集したことがあるが、その時の事例の多くは、人口増大に伴って明治末期から昭和初期にかけて東京周辺に展開していった新興住宅地で、私鉄の鉄道網の拡張と連動していた。今回はそれより内側の地域、江戸期から続く武家地が山の手住宅地に変わってゆく過程を解明したいと考えた。

江戸の武家地は旗本の住む駿河台、番町、麹町の屋敷町からお堀を越えて、本郷、小石川、牛込一帯（城北）、麻布、青山、赤坂一帯（城南）に広がっていた。城北には幕臣が多く住み、城南は外様大名の屋敷が多く、明治以降もその分布は大きくは変化していないと思う。

その周辺は在と呼ばれ、土地の農家が都心部に屎尿を汲み取りにきていた。本郷は巣鴨や板橋から、牛込は中野、杉並から、赤坂は世田谷から、日本橋は砂町方面から、そして、それと引き換えに大根や沢庵が運ばれてきた。板橋、北千住、新宿、品川は次の宿場だった。世田谷、杉並が山の手と呼ばれるようになったのはだいぶ後になってからだ。

対談で樺山先生が言われた「東京の山の手は江戸城を中心にして北側（城北）と南側（城南）にまず発展して、西側はずっと後になってから開けてきた」という認識は的を射ていると思う。

三年ほど前に、ＮＴＴ出版の柴俊一さんから文京区の本をつくりたいというお話をいただいて、企画の構想を始めた。江戸以来の武家地が明治維新を経てどのような変遷を遂げたか。特に下級幕臣が多く住んでいた本郷、小石川は近代山の手の生成に大きく寄与しているのでは、ということで企画を伊藤毅先生にお願いし、お引き受けいただいた。伊藤先生は若手研究者の方々に声をかけてくださって、その後、一年ほど議論を進めた。それが今回の執筆メンバーだ。

さまざまなアイデアを出していただいた後、一度、企画を解体して、伊藤先生と執筆メンバーの方々に新たなテーマ設定をお願いしたところ、「東大が文京区になかったら」という仮説をご提案いただいた。さらに伊藤先生のご提案で、樺山紘一先生を語り手としてご招待して、伊藤先生が聞き手となって、お二人の対談を軸にストーリーを組み立ててみようということになった。

樺山家は明治二〇年代に東京に移り住んで以来、ずっと白山に住んでおられる。語り部として最適ということで、三回の対談を行った。執筆メンバーの方々にも時間の許す限りご参加いただいた。対談の過程で伊藤先生はこれまでの議論で出てきたさまざまな話題を盛り込んでくださり、内容も充実してきた。これには伊藤先生の企画構成力が大きく寄与している。

最後まで残った課題は周辺の農業地域と物流のシステムだった。伊藤先生から明治大学の森朋久氏をご紹介いただき、江戸の屎尿処理と物流経路を通して、農村地域との交流をご執筆いただいた。これまで江戸の物流の研究はあまりなく、この章が加わることによって、農業地域という文京区の重要な側面が描かれたと思う。

本書の実現の過程では、最初に企画のご相談にのっていただいた東京理科大学の伊藤裕久先生をはじめとして、さまざまな方々にご協力いただいた。記して御礼申し上げたい。

桑茶政策、江戸以来の武家地処理問題など、明治維新期に山の手でなされたさまざまな政策や地域の変化については、これからも多くの研究を待たねばならないだろう。本書がその一端を担うことができれば幸いである。

二〇一七年一一月三〇日

森田伸子

執筆者紹介

◉企画監修・対談・執筆

伊藤毅（いとう・たけし）

1952年京都生まれ

東京大学大学院工学系研究科建築学専攻教授、博士（工学）

著書＝『近世大坂成立史論』（生活史研究所、1987）、『図集日本都市史』（高橋康夫・吉田伸之・宮本雅明と共編、東京大学出版会、1993）、『都市の空間史』（吉川弘文館、2003）、『町屋と町並み』（山川出版社、2007）、『バスティード──フランス中世新都市と建築』（伊藤毅編、中央公論美術出版、2009）、『伝統都市（全4巻）』（吉田伸之と共編、東京大学出版会、2010）、『建築 未来への遺産』（鈴木博之著・伊藤毅編、東京大学出版会、2017）ほか

◉対談

樺山紘一（かばやま・こういち）

1941年東京生まれ、文京区出身で現在も居住

東京大学文学部名誉教授、印刷博物館館長、文京区教育委員会委員長、文京区史編纂委員会委員長

著書＝『ゴシック世界の思想像』（岩波書店、1976）、『ルネサンス周航』（青土社、1979／福武文庫）、『西洋学事始』（日本評論社、1982年／中公文庫）、『地中海の誘惑』（中央公論社、1985／中公文庫）、『歴史のなかのからだ』（筑摩書房ちくまライブラリー、1987／ちくま学芸文庫、岩波現代文庫）、『世界の歴史（16）ルネサンスと地中海』（中央公論社、1996／中公文庫）ほか

◉執筆

初田香成（はつだ・こうせい）
1977年東京生まれ
東京大学大学院工学系研究科建築学専攻助教、博士（工学）
著書＝『都市の戦後——雑踏のなかの都市計画と建築』（東京大学出版会、2011）、編著書に『都市計画家・石川栄耀——都市探求の軌跡』（鹿島出版会、2009）、『盛り場はヤミ市から生まれた』（青弓社、2013／同増補版、2016）

髙橋元貴（たかはし・げんき）
1986年埼玉生まれ
東京大学大学院工学系研究科建築学専攻特任研究員、博士（工学）
論文＝「江戸町人地における道空間の支配と管理体制」（『日本建築学会計画系論文集』729、2016年11月）、「江戸市中における堀川の空間動態とその存続——『古町之川岸』を中心に」（『都市史研究』4、山川出版社、2017）ほか

森朋久（もり・ともひさ）
1962年秋田生まれ
明治大学農学部兼任講師、博士（史学）
論文＝「文化的景観の利活用と博物館活動」（『博物館学雑誌』43-1、2017）ほか

松山恵（まつやま・めぐみ）
1975年長崎市生まれ
明治大学文学部史学地理学科日本史学専攻准教授、博士（工学）
著書＝『江戸・東京の都市史——近代移行期の都市・建築・社会』（東京大学出版会、2014）、「東京市区改正計画の具体化に関する一考察」（中川理編『近代日本の空間編成史』思文閣出版、2017）

赤松加寿江（あかまつ・かずえ）
1975年文京区生まれ
京都工芸繊維大学専任講師、博士（美術）
著書＝『ルネサンスの演出家　ヴァザーリ』（共著、白水社、2011）、「16世紀後半のメディチ家のヴィラとフチェッキ沼」『年報都市史研究　沼地と都市』21（山川出版社、2014）

勝田俊輔（かつた・しゅんすけ）
1967年東京生まれ、文京区在住
東京大学大学院人文社会系研究科准教授、博士（文学）
著書＝『アイルランド大飢饉――ジャガイモ・「ジェノサイド」・ジョンブル』（高神信一との共編、刀水書房、2016）、*Rockites, Magistrates and Parliamentarians: Governance and Disturbances in Pre-Famine Rural Munster*（Routledge, 2017）

●編集ディレクション
森田伸子（もりた・のぶこ）
1973年鹿島出版会入社。『都市住宅』編集部（1973〜78）を経て書籍編集部で建築一般書の編集に携わる。この間、企画編集した書籍は120冊余り。2000年よりフリー。2002年から2012年までBMWの季刊誌The MINI INTERNATIONAL（日本語版）の編集に携わる。その傍ら、様々な展覧会企画、カタログ編集、書籍編集を進める。2017年より季刊『庭』でアートコラムを連載中

東京大学が文京区になかったら
「文化のまち」はいかに生まれたか

2018年1月25日　初版第1刷発行

企画監修　伊藤毅

発行者　長谷部敏治

発行所　NTT出版株式会社
〒141-8654 東京都品川区上大崎3-1-1 JR東急目黒ビル
営業担当　TEL 03(5434)1010　FAX 03(5434)1008
編集担当　TEL 03(5434)1001
http://www.nttpub.co.jp/

装幀　松田行正+杉本聖士
印刷・製本　シナノ印刷株式会社

ISBN 978-4-7571-4344-9　C0025

NTT出版の本

中央線がなかったら 見えてくる東京の古層

陣内秀信・三浦展 編著

A５判並製　定価（本体1900円＋税）
ISBN 978-4-7571-4301-2

東京・JR中央線沿いの街々（中野、高円寺、阿佐ヶ谷、国分寺・府中、日野）を、古地図や地形図を片手に歩く。

近代文明の産物である「中央線」を視界から取り去ってみると、いにしえの武蔵野・多摩地域の原構造がくっきりと浮かびあがり、眠っている古代、中世が見えてくる。

東京の隠れた魅力が浮上する、新・東京の空間人類学。